鉢形領内に遺された戦国史料集 第一集

秩父歴史文化研究会
鉢形領内における北条氏邦を支えた人びとの調査研究部会

目次

序

「秩父歴史文化研究会調査研究部」では、平成二十八年から、戦国期鉢形領内に発給された文書や城郭跡や塁石、供養塔等の石造物について調査研究し、中世後期における「北条氏邦の鉢形領を支えた人びと」について明らかにしようとしてきました。平成三十年三月十日には、秩父市教育委員会、小鹿野町教育委員会、寄居町教育委員会、埼玉県文化財保護協会のご支援をいただき、「北条氏邦の鉢形領を支えた人びと」と題してシンポジウムを実施し、調査研究の一端を報告すると共に、討論を通じて、その実態に迫る試みをおこなってきたところです。

これまでの調査研究の結果、研究対象である時代の鉢形領に関わる文書が三百数十点記録されていることを知りました。しかし、その文書の中には、寛保元年（一七四一）の青木文蔵調査（『諸州古文書』十二武州・『武州文書』）時に確認されたものの、その後行方不明となった史料、一九六五年に埼玉県立図書館から発行された『埼玉の中世文書』時点では確認されていたが、その後所在不明となった史料、我々の調査でも所在不明となっている史料も見つかり、今後、それらの史料が失われる危険性があることを強く憂慮しています。また、原史料を読み直す中で、多くの研究者の目で改めて読み直しが必要ではないかと感じる部分もありました。以上の理由で、当会では、この膨大な史料を、改めて原本の所在を確認し、原本を写真撮影して、これまでの釈文をベースに読み直しをして、後世に伝える史料集をつくることとしました。

前述の通り、戦国時代に北条氏邦が支配した鉢形領内には、数多くの史料が遺されております。その史料を、これまでにも多くの研究者によって調査研究がなされております。したがって、その多くは読み解かれ、『埼玉の中世文書』、『新編埼玉県史』、市町村史等で紹介されております。特に埼玉県では『新編埼玉県史』資料編が一九八〇年に刊行され、二〇一四年には、『埼玉県史料叢書』12を刊行しています。埼玉県が刊行したこの三冊の調査報告書によって、県内の中世文書の殆どが公にされたと聞いております。ただ、『埼玉の中世文書』を除いて原史料の姿は一般の人びとが容易に閲覧できる史料集になっておりません。

我々は、原史料に当たる事なく戦国史料を読み解くことは、戦国期を間違って解釈する危険があると考えております。そこで当会は、可能な限り、鉢形領内に遺される原史料にあたり、それを写真撮影して公にすることとしました。元より浅学非才な我々でありますが、幸いなことに、古文書の解読に精通する千嶋壽先生や、戦国北条氏研究者の浅倉直美先生、並びに当会顧問の梅沢太久夫先生に指導を仰ぐ機会をいただいております。三人の指導助言を元に我々が行っている調査研究の成果を含めて、この史料集を順次刊行していくことにしました。今回の「史料集第一集」の刊行はその出発点になります。

二〇一九年三月二十四日

秩父歴史文化研究会調査研究部　代表　新井克彦

例　言

一　本書は鉢形城主北条氏邦関連の原史料を収集し、原本の写真を上段に、その釈文を下段に掲載して、原史料を後世に遺し、「北条氏邦を支えた人びと」の姿を紐解くための一助になることを願いまとめたものである。

二　北条氏邦関連の文書は、現在三百数十点あるといわれている。本書を出発点に、可能な限りそれらの原史料を調査し、順次まとめる予定である。今回はその第一集として、『三山齋藤家文書』二点、『秩父市栃谷斎藤家文書』十点、『秩父市上吉田山口家文書』四点、写九点、『秩父市両神薄出浦家文書』七点、『堤家（旧出浦家）旧蔵文書』一点、『秩父市上吉田高岸家文書』六点、『小鹿野町小鹿野吉田家文書』六点、写四十一点、『小川町勝呂山口家文書』三点、『秩父市吉田久長天徳寺文書』一点の合計九十点（実物三十九点・写五十一点）を各家別ごとに年代順に掲載した。

なお、秩父市栃谷の斎藤家文書は斎藤家から寄贈され、現在埼玉県立文書館蔵となっているが、同館の承諾を得て、写真を掲載した。また、出浦家文書については、小鹿野町教育委員会から提供していただき使用した。さらに山口家文書・吉田家文書については、既に原本が所在不明の物と、一部に付いては原本と比較検討するために、国立公文書館所蔵『諸州古文書』十二、『武州文書』所収の史料写真も使用した。

三　釈分は、各種文献資料を活用させていただきながら、秩父歴史文化研究会古文書部会で次のように表記した。

①家毎の文書番号は、年代順に付した。
②原則として、原文と同じ旧字体の漢字を用いた.
③ゟ（より）、ょ・尒・尓（に）は、かなに置き換えた。
④而（て）、而已（のみ）、江（え）、役（役）、者（は）、刁（寅）、斨（料）、歟（歟）、早（畢）、寶（宝）はそのまま使用した。
　なお、ホ（等）は（　）内の文字に改めた。
⑤おどり字の々・ゝ・ゞ・ヽ・ヾ・〱・〲はそのまま表記した。
⑥変体仮名はひらがなに表記した。
⑦旧仮名遣いは、そのまま表記した。
⑧文意が通じないものは文字の横に（ママ）とし、誤字と見られるものは（〇〇カ）と表記した。
⑨不明文字は、□で示した。なお、写文書などのよって本来の字がわかる物についてはは右側にその文字を記した。
⑩抹消は――、訂正は―　で消し、横に新たに書かれた文字を記した。
⑪写し文書等で書き込みと見られる文字はその部分を「　　　」（後筆）とし、後の書き込みと思われる文字は「　　　」で表記した。

⑫朱印については（　）でその印文を表記し、花押は（花押）とのみ表記した。
⑬文書の年代については、記載のないものは朱印と干支によって大方を比定したが、月日のみのものは、当会等で比定した。
⑭各文書に記される6－番号は『新編埼玉県史』資料編6巻、12－番号は『埼玉県史料叢書』12巻、戦北－番号は『戦国遺文』後北条氏編にそれぞれ掲載されている資料番号で、巻二は『埼玉叢書』巻二である。

四　北条氏邦の使用した朱印の分類は、本会昨年度シンポジウム資料集に寄せられた新井浩文氏の論考（二〇一〇）に拠った。

五　本史料集では、慶長年間以降についての吉田家関係史料についても掲載した。これは、天正十八年以降、北条氏邦の家臣達がどのような道を歩んでいったかを知ることの出来る史料として、もっとも具体的に記録されているので、戦国史料ではないが敢えて取り上げたものである。

六　本書作成に当たっては、次の資料・文献を引用、又は参考にした。

浅倉直美「後北条氏と用土新左衛門尉」『戦国史研究』六号　一九八三年
『後北条領国の地域的展開』岩田書院　一九九七年
「解説　乙千代の藤田入婿と鉢形領の成立」『論集戦国大名と国衆2　北条氏邦と武蔵藤田氏』岩田書院　二〇一〇年
浅倉直美「鉢形領の拡大とその意義」『北条氏邦の鉢形領を支えた人びと』シンポジュウム資料集　二〇一八年
浅倉直美編『論集戦国大名と国衆3　北条氏邦と猪俣邦憲』岩田書院　二〇一〇年
新井浩文「江南町周辺の「領」と領主支配」『江南町史』通史編上巻　二〇〇四年
新井浩文「鉢形領主北条氏邦朱印の変遷とその意義について」『北条氏邦の鉢形領を支えた人びと』シンポジュウム資料集二〇一〇年
埼玉県『新編埼玉県史』資料編六　中世二　古文書二　一九八〇年
埼玉県教育委員会『埼玉県史料叢書12』中世新出重要史料二　二〇一四年
埼玉県立図書館編『埼玉の中世文書』　一九六五年
埼玉県立文書館　一九八五『北条氏邦文書展』特別展解説
杉山博・下山治久編『戦国遺文』後北条氏編　第一巻　東京堂出版　一九八九年
杉山博・下山治久編『戦国遺文』後北条氏編　第二巻　東京堂出版　一九九〇年
杉山博・下山治久編『戦国遺文』後北条氏編　第三巻　東京堂出版　一九九一年
杉山博・下山治久編『戦国遺文』後北条氏編　第四巻　東京堂出版　一九九二年
杉山博・下山治久編『戦国遺文』後北条氏編　第五巻　東京堂出版　一九九三年
下山治久編『戦国遺文』後北条氏編　補遺編　東京堂出版　二〇〇〇年
柴田常恵・稲村坦元編『埼玉叢書』巻二　一九二九年
福島幸八『吉田家文書の調査』小鹿野町教育委員会　一九六八年
両神村『両神村史』資料編1～4　一九八五年～
『諸州古文書』十二　武州　国立公文書館蔵
『武州文書』秩父郡　国立公文書館蔵

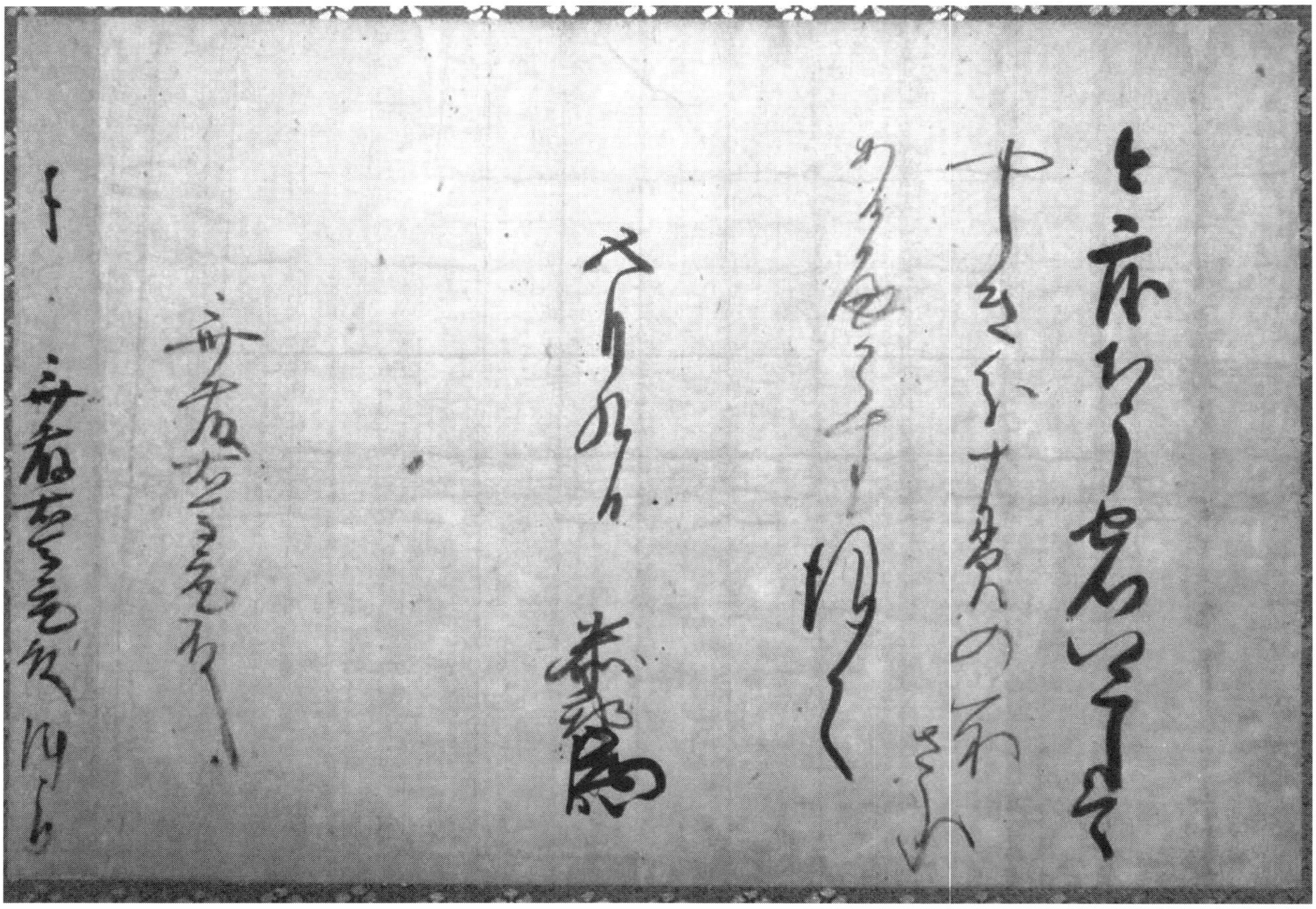

縦 32.8cm、横 43. 7 cm

三山齋藤家文書　東京都新宿区早稲田　齋藤富美子氏蔵

三山齋藤家文書１　**藤田泰邦書状**（天文二十一年カ）　6－付26

今度ちうセついたし候ハ丶、
やしき分十貫の所さうい
あるへからす謹言

五月九日　泰邦（花押）

齋藤右馬允殿

（封紙上書）〆　齋藤右馬允殿　陣より

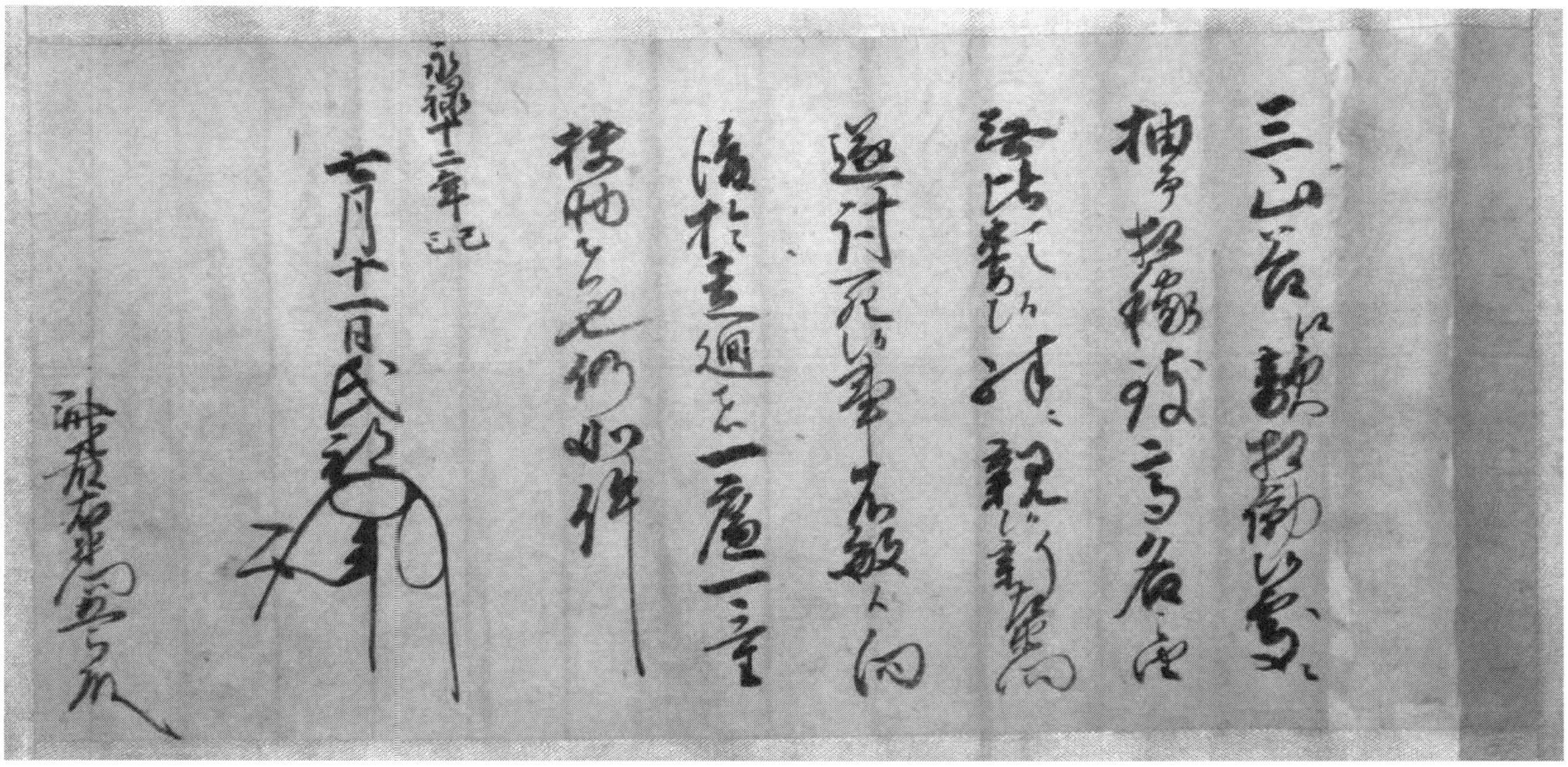

縦 19.2cm、横 39.8cm

三山齋藤家文書２　**北条氏邦感状**（永禄十二年）　６－五八三

三山谷江敵相働候處ニ
抽而相稼致高名之由
無比類候殊ニ親候新左衛門尉
遂討死候事不敏候向
後於走廻者一廉可重
扶助者也仍如件

永禄十二年己巳

七月十一日　氏邦(花押)

齋藤右衛門尉五郎殿

縦 30.9cm、横 40.7cm

埼玉県指定文化財

斎藤家文書　秩父市栃谷　斎藤古寿氏旧蔵・埼玉県立文書館蔵

斎藤家文書1　**乙千代丸（氏邦）判物**（永禄四年）　6－三五八

今　度　爲　使　凌

難所罷越候忠節候

何様本意之上一所

可　宛　行　者　也　仍

状如件

九月八日　　乙千代丸(花押)

齋藤新四郎殿

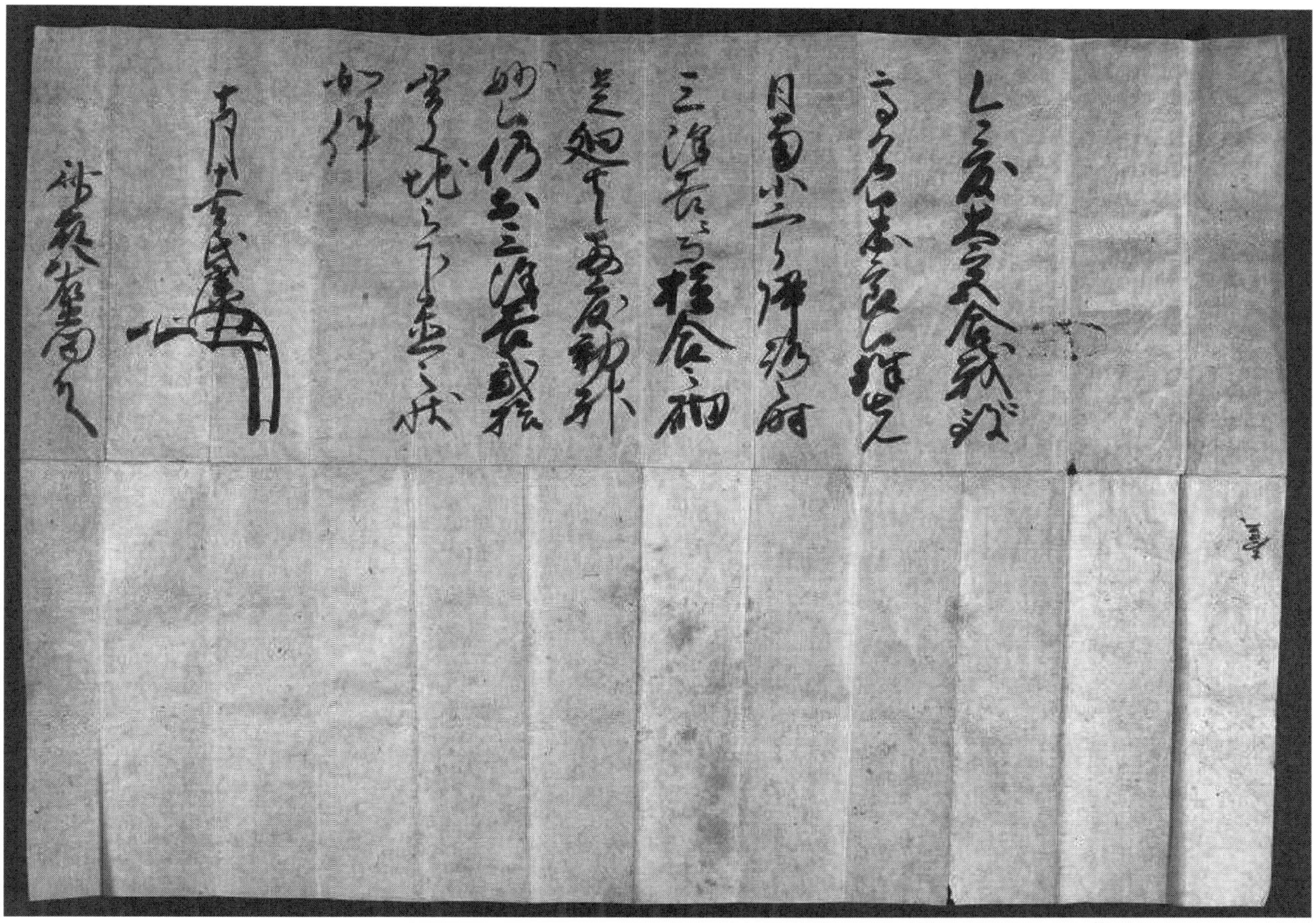

縦 31.0cm、横 44.5cm

斎藤家文書２　**北条氏康判物**（永禄四年）　６—二七五

今度大宮合戦ニ致
高名候忠節候殊先
日南小二郎帰路之時
三澤谷ニ而横合之砌
走廻由候両度動神
妙候仍於三澤谷弐拾
貫文地被下置之状
如件

十月十七日氏康(花押)

齋藤八右衞門尉殿

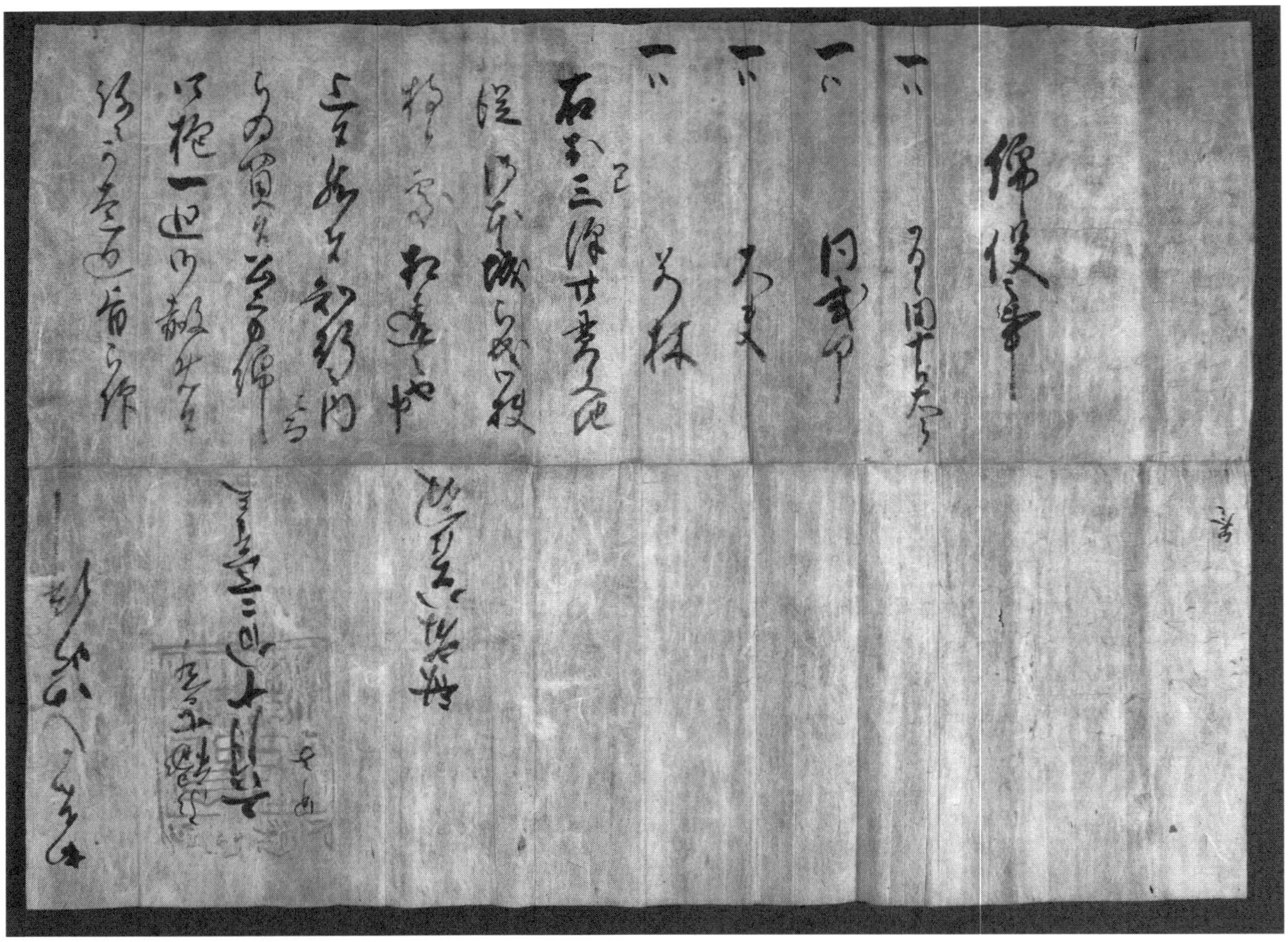

縦 32.7cm、横 45.5cm

斎藤家文書3　北条氏邦朱印状（永禄七年）6－四〇五

綿役之事

一ハ　間々田十郎太郎

一ハ　同式部

一ハ　大夫

一ハ　若林

以上

右於三澤廿貫文地

従　御本城被成御扶

持候処相違之由申

上候然者知行之内ニ而

被為買候公方綿

四抱一廻御赦免候

弥々可走廻旨被仰

出者也仍如件

永禄七年
甲子
六月十八日（象印・翕邦挹灋）三山奉之

齋藤八右衛門殿

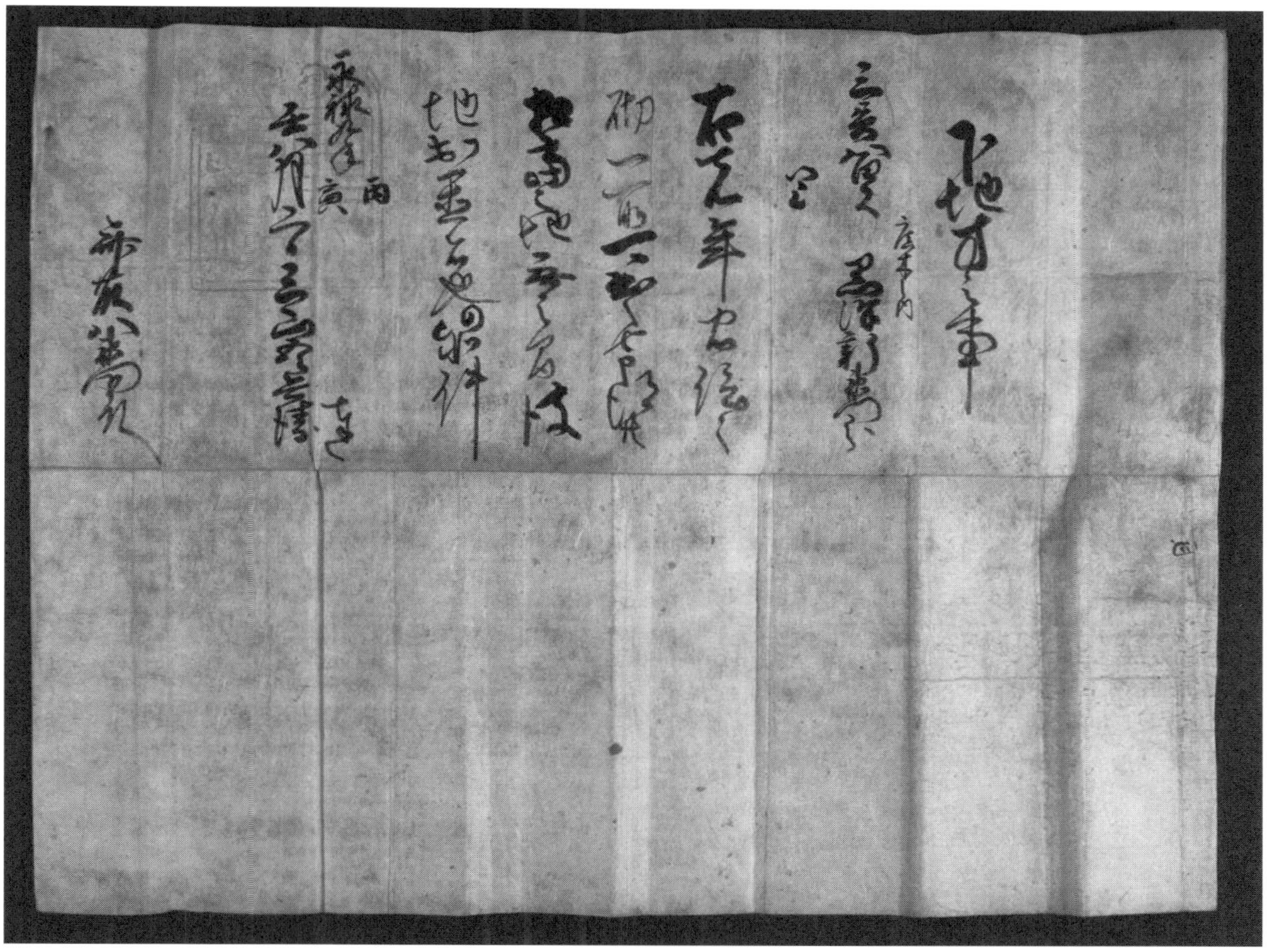

縦 31．2cm、横 41.5cm

斎藤家文書4　**北条氏邦朱印状**（永禄九年）6―四六四

下地方之事

廣木之内

三貫八百文　黒澤新衛門分

以上

右先年忠信之

砌一所可出之由申候得共

相當之地無之間彼

地出置者也仍如件

永禄九年丙寅（象印・翕邦挹㶚）

（閏）

壬八月二日　三山五郎兵衛

奉之

齋藤八右衛門尉殿

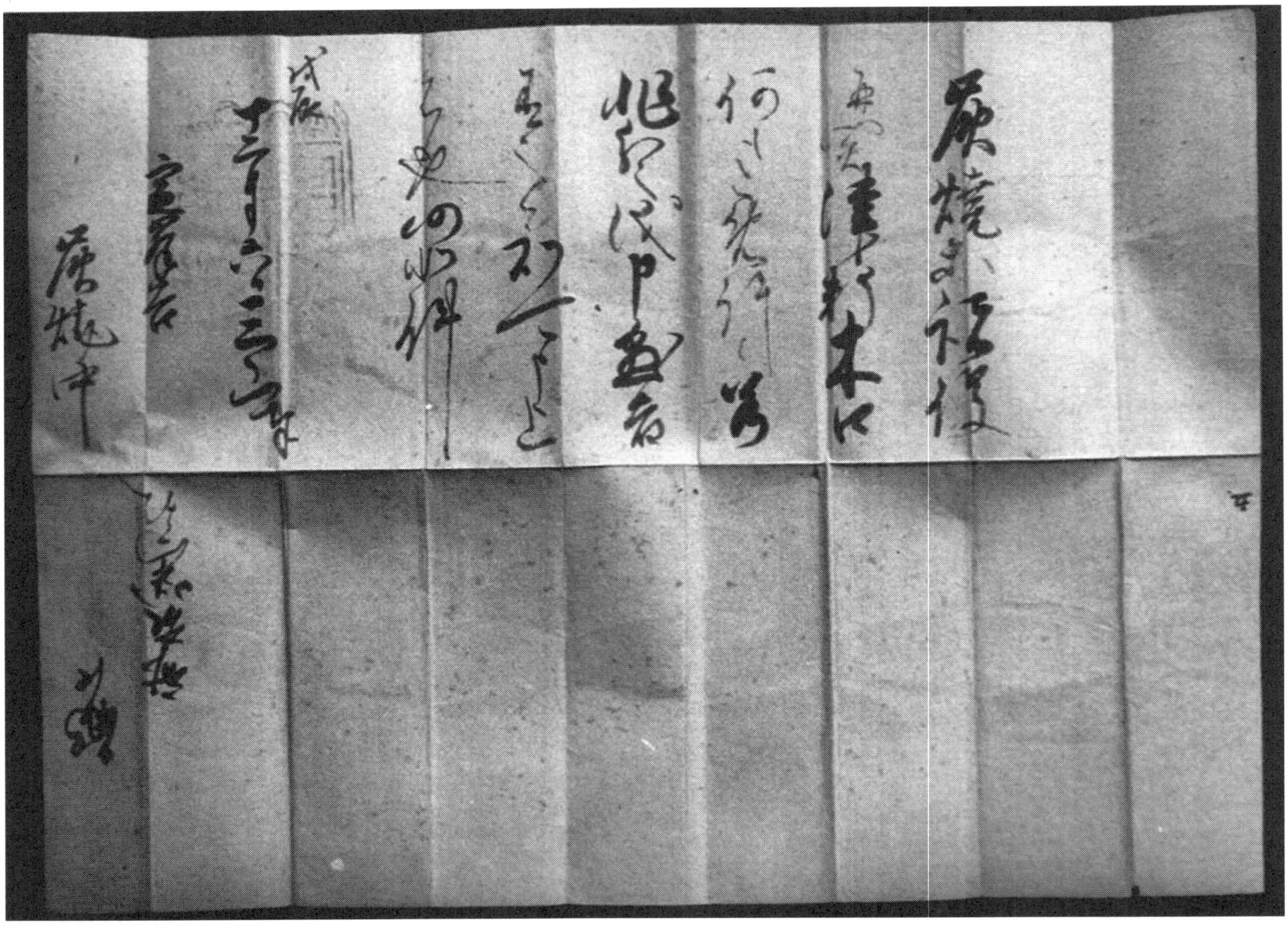

縦 31．5、横 42.4cm

斎藤家文書5　**北条氏邦朱印状**（永禄十一年）6―五二二

炭焼等諸役
并関津析（料）木口
何も令免許候若
非分之儀申懸者
有之者則可申上
者也仍如件
戊辰
十二月六日（象印・翕邦挹灐）三山　奉
定峯谷
炭焼中

觸口
齋藤八衛門尉殿

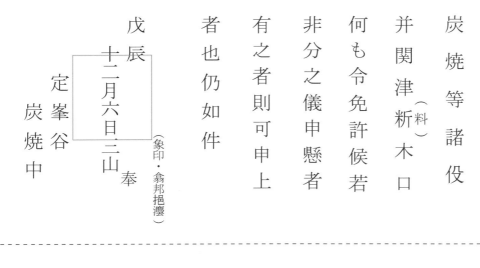

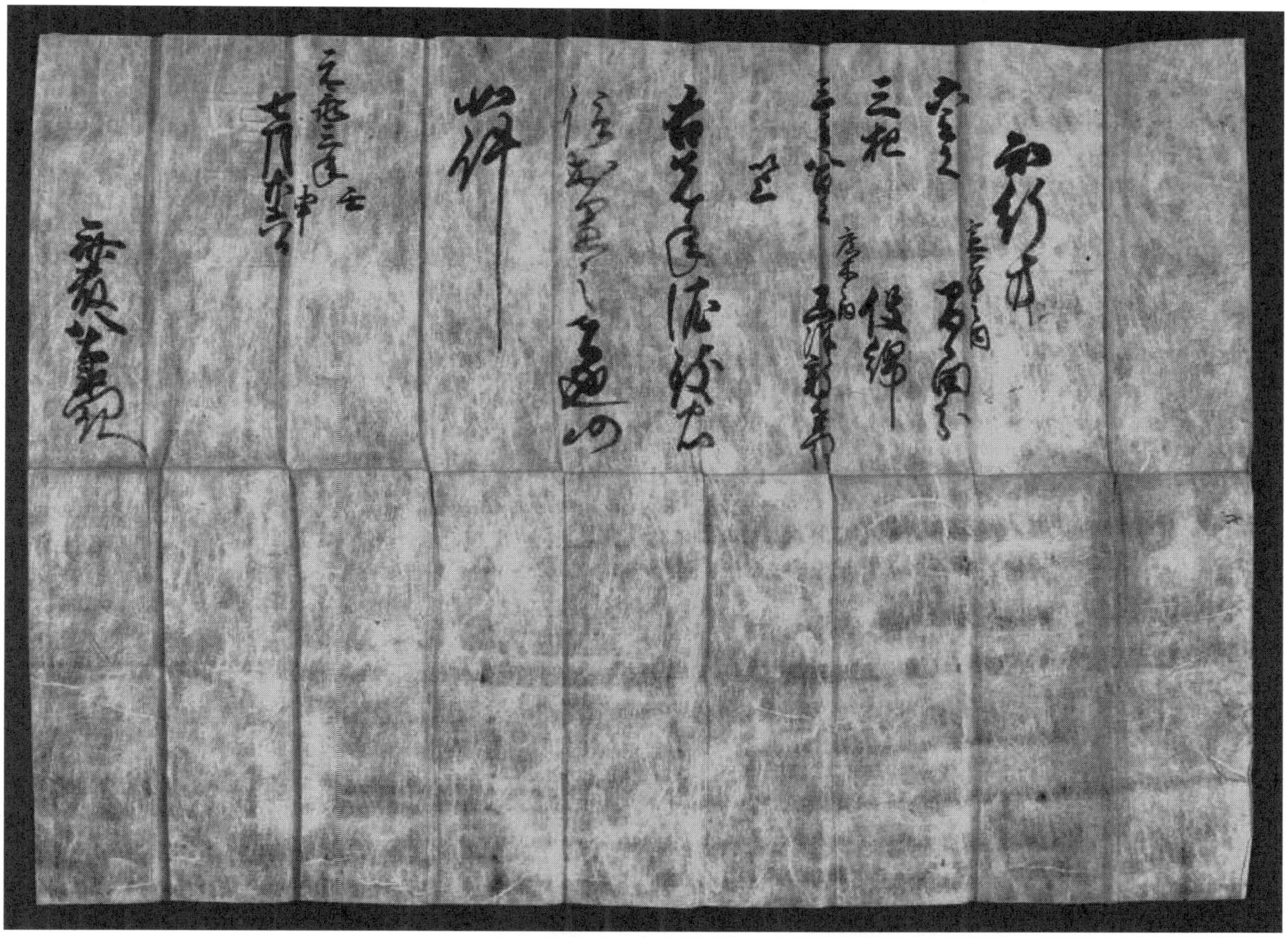

縦 32.1cm、横 42.4cm

斎藤家文書6　**北条氏邦朱印状**（元亀三年）6－七三八

知行方
六貫文　定峯之内　間々田分
三把　役綿
三貫八百文　廣木之内　黒澤新右衛門分
以上
右先年依忠信出置之者也仍
如件
元亀三年壬申
七月廿六日（象印・翕邦挹福）
齋藤八右衛門殿

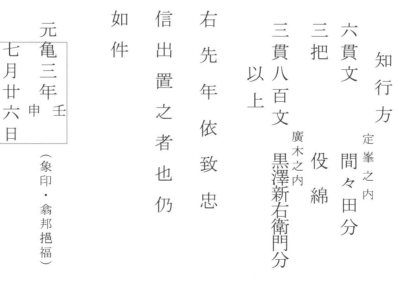

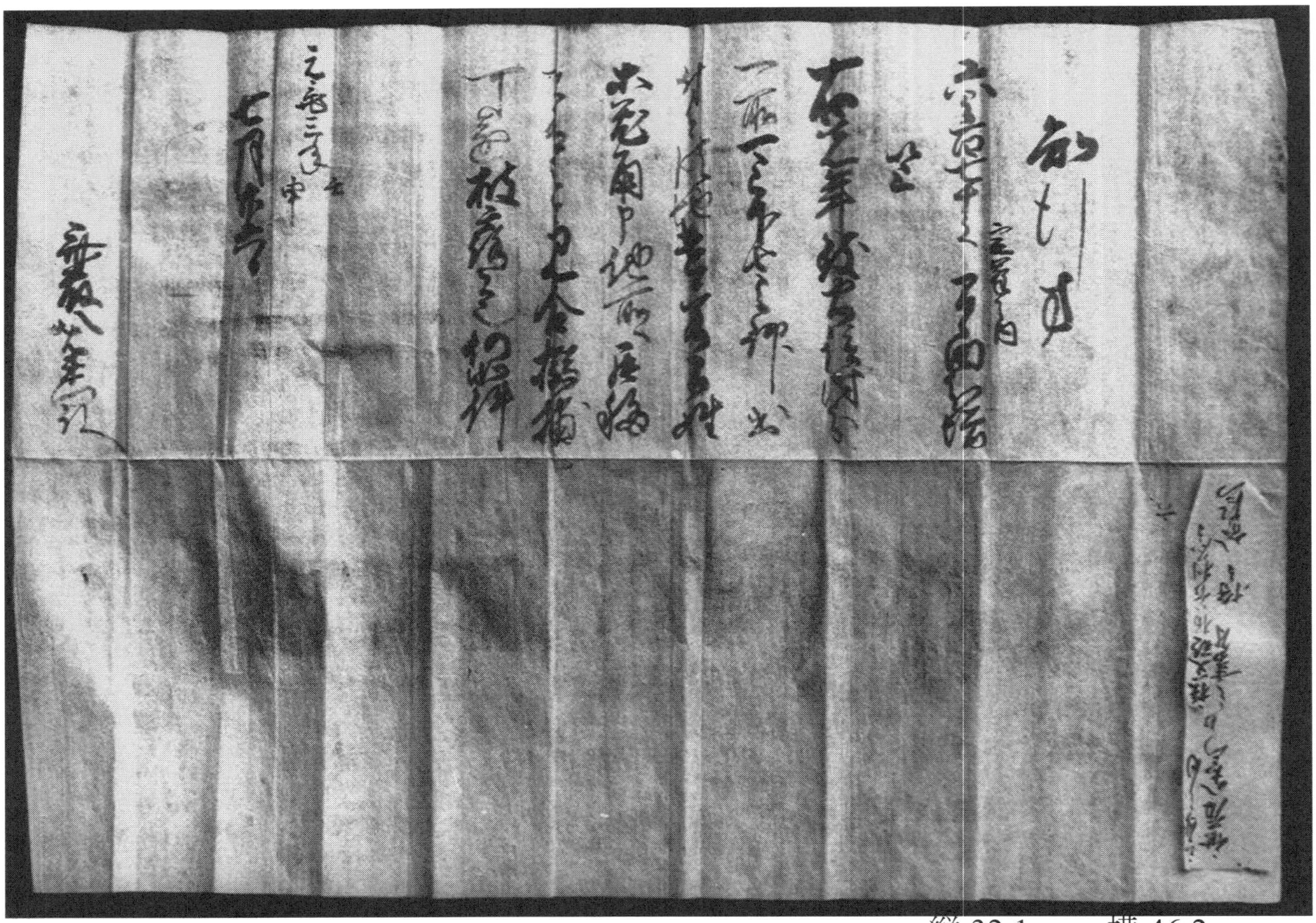

縦 32.1cm、横 46.2cm

斎藤家文書7　**北条氏邦朱印状**（元亀三年）6―七三九

（青木文蔵調査時の付箋有り）

知行方

六貫百七十文　定峯之内 間々田分増

以上

右先年致忠信時分

一所可被下由被仰出

付者彼地遣候若百姓

等菟角申他所へ罷移

者有之者見合搦捕

可遂披露者也仍如件

元亀三年壬申

七月廿六日（象印・翕邦挹福）

齋藤八右衛門殿

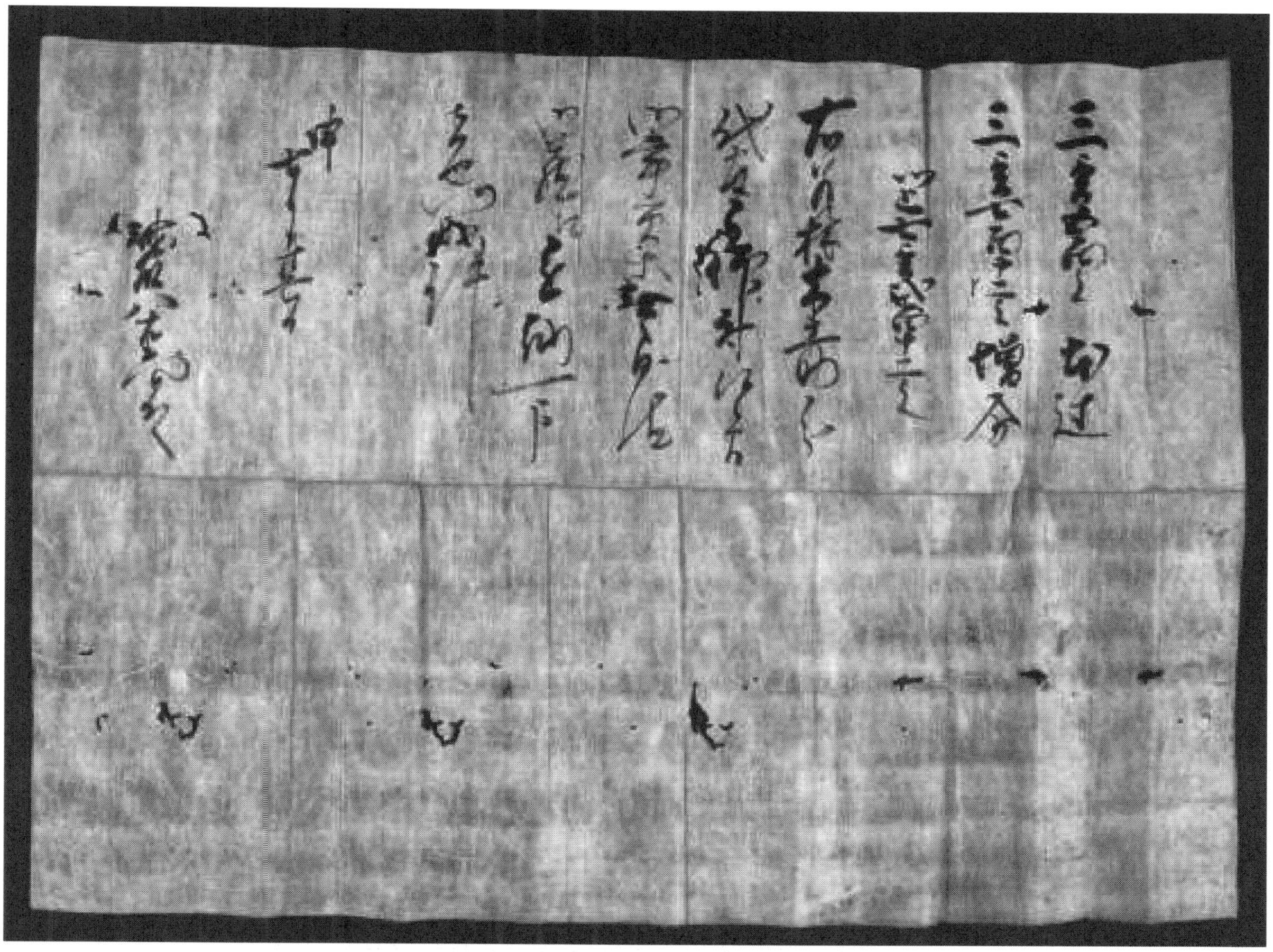

縦 32.1cm、横 41.0cm

斎藤家文書8　**北条氏邦朱印状**（元亀三年）6－七四〇

三貫五百文　本辻
三貫七百十二文　増分
以上七貫弐百十二文
右若林木工助分
代官被仰付候之間
御年貢等無ゝ沙汰
御蔵江進納可申
者也仍如件

申
七月廿六日（象印・翕邦挹福）

齋藤八右衛門尉殿

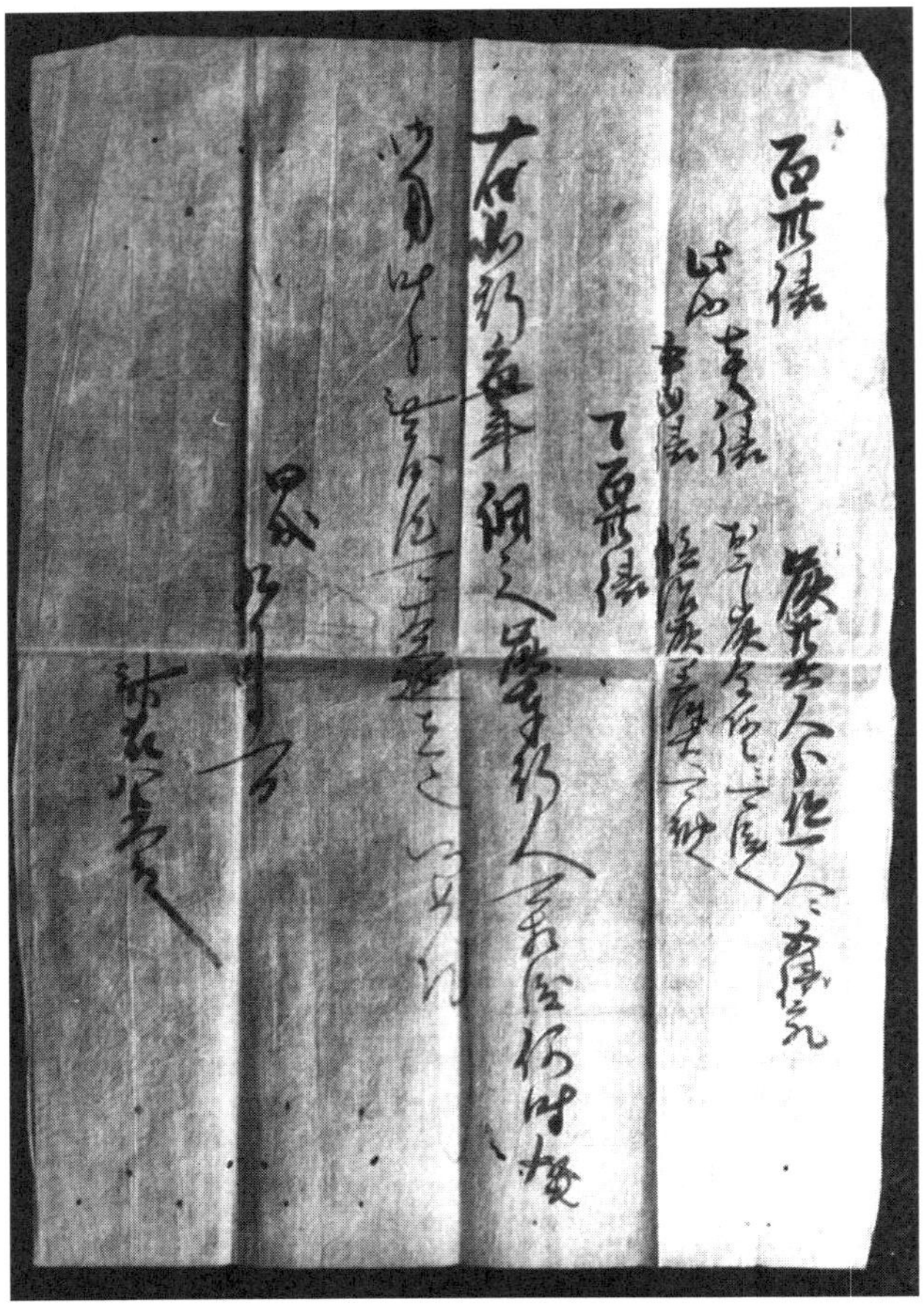

縦 32.5cm、横 22.6cm

斎藤家文書9　**北条氏邦朱印状**（天正二年）6－八二四

百卅俵　　炭廿六人分但一人ニ五俵宛

　此内

　　七十八俵　おこし炭全阿ミニ可渡之

　　五十弐俵　鍛冶炭黒澤所へ可納之

　　　以上百卅俵

右如斯毎年調之炭奉行人可相渡何時成共

御用時分無々沙汰可走廻者也仍如件

甲戌

九月一日（象印・翕邦挹福）

齋藤八右衛門殿

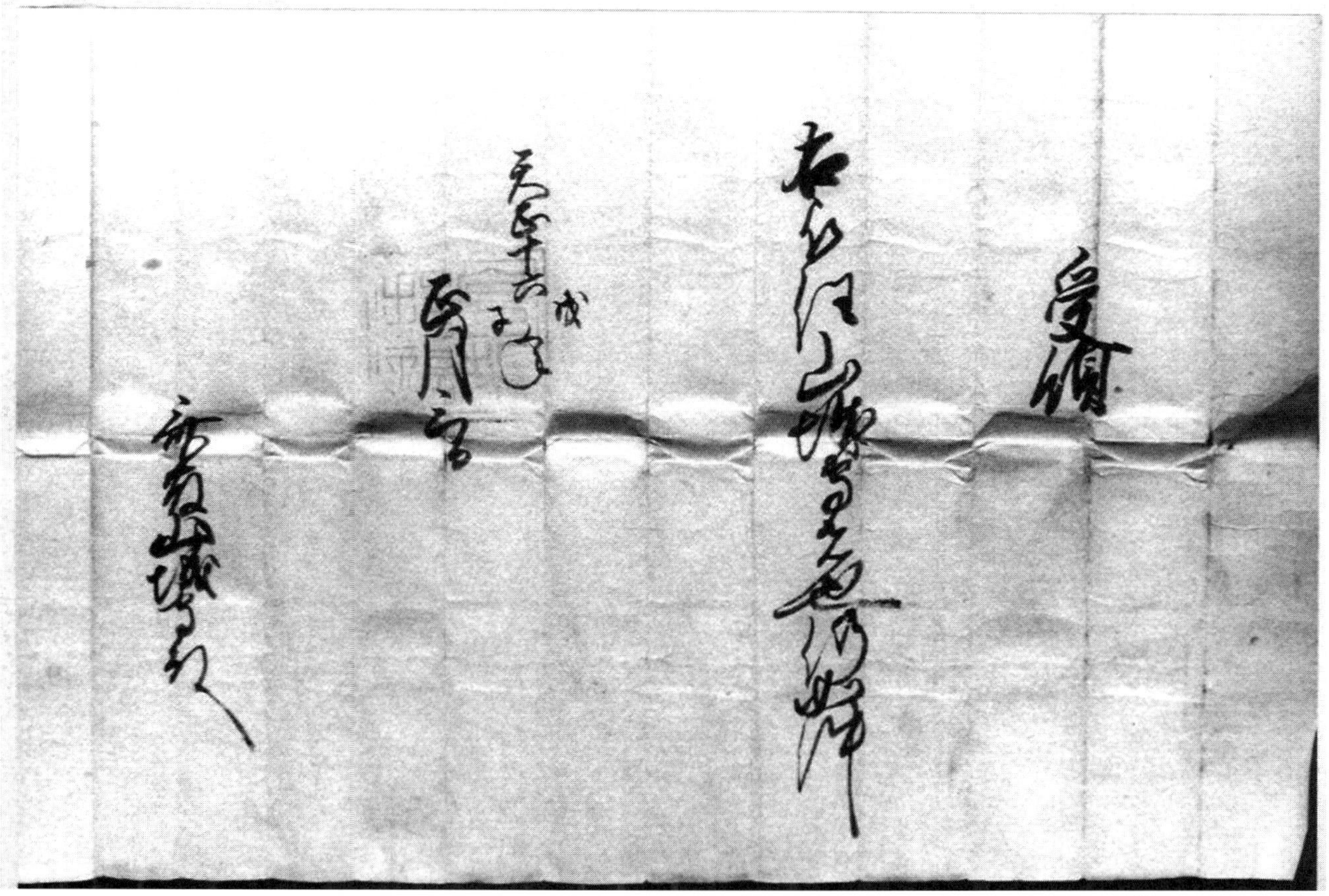

縦 22.9cm、横 31.8cm、

斎藤家文書10　**北条氏邦朱印状**（天正十六年）６－一四一五

受領

右被任山城守者也仍如件

天正十六戊子年
正月三日（翁邦揺福）

齋藤山城守殿

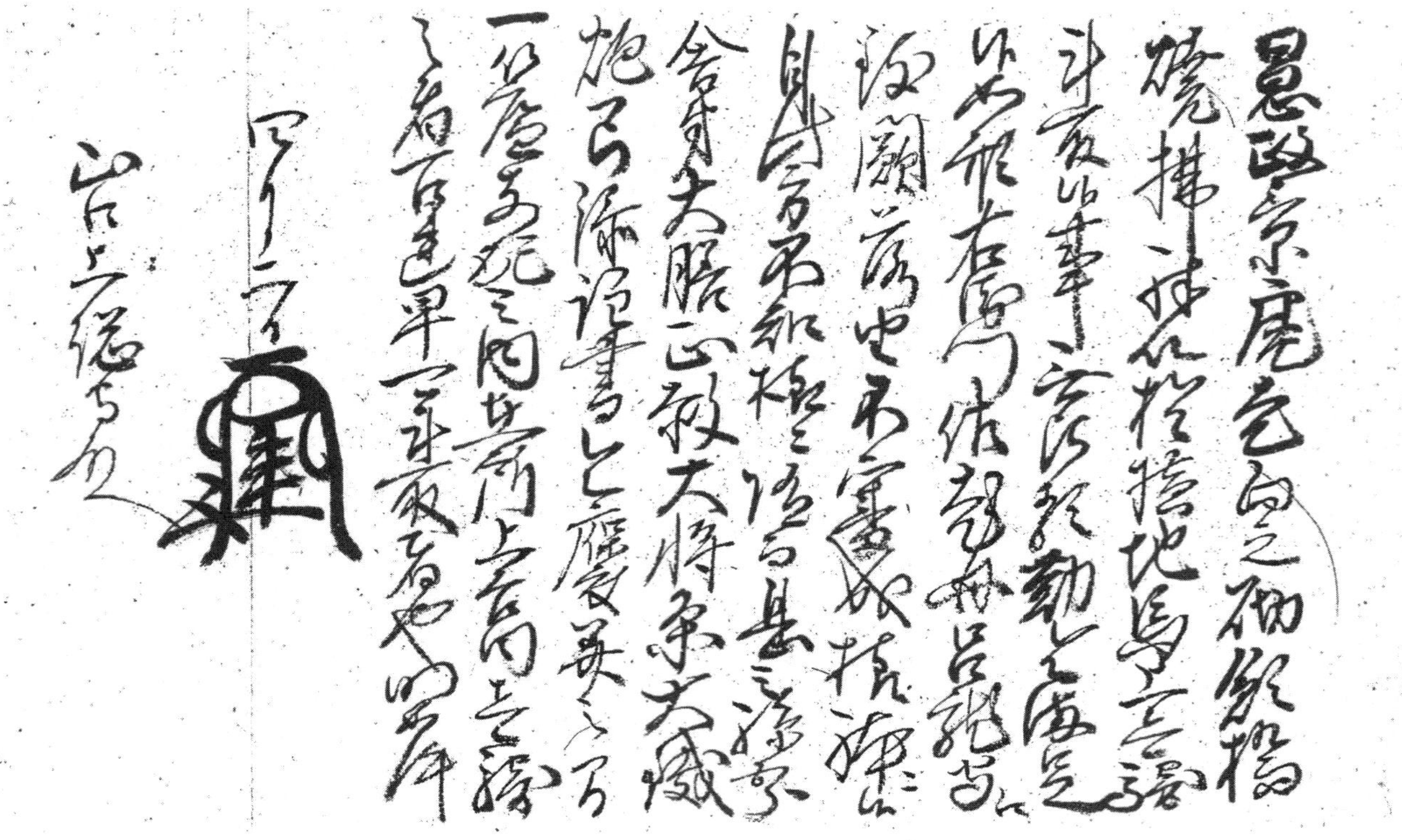

山口家文書　秩父市上吉田　山口　実氏蔵

山口家文書1　**北条氏邦判物（写）**（永禄五年カ）

憲政景虎走向之砌厩橋

焼拂殊以於横地馬上壱騎

計（討）取候事無比類勤令満足

候如形右衛門佐老母呂（昌）龍寺（正龍寺）江

致闕落由不審成様躰ニ候

自此方不知様ニ随而息之孫五郎

舎弟大膳正赦大将条大鐵

炮弓添註書令褒美之間

一簾支配之内在所上吉田壱騎

之者召連早可計（討）取者也仍如件

四月二日　（乙千代花押）

山口上総守殿

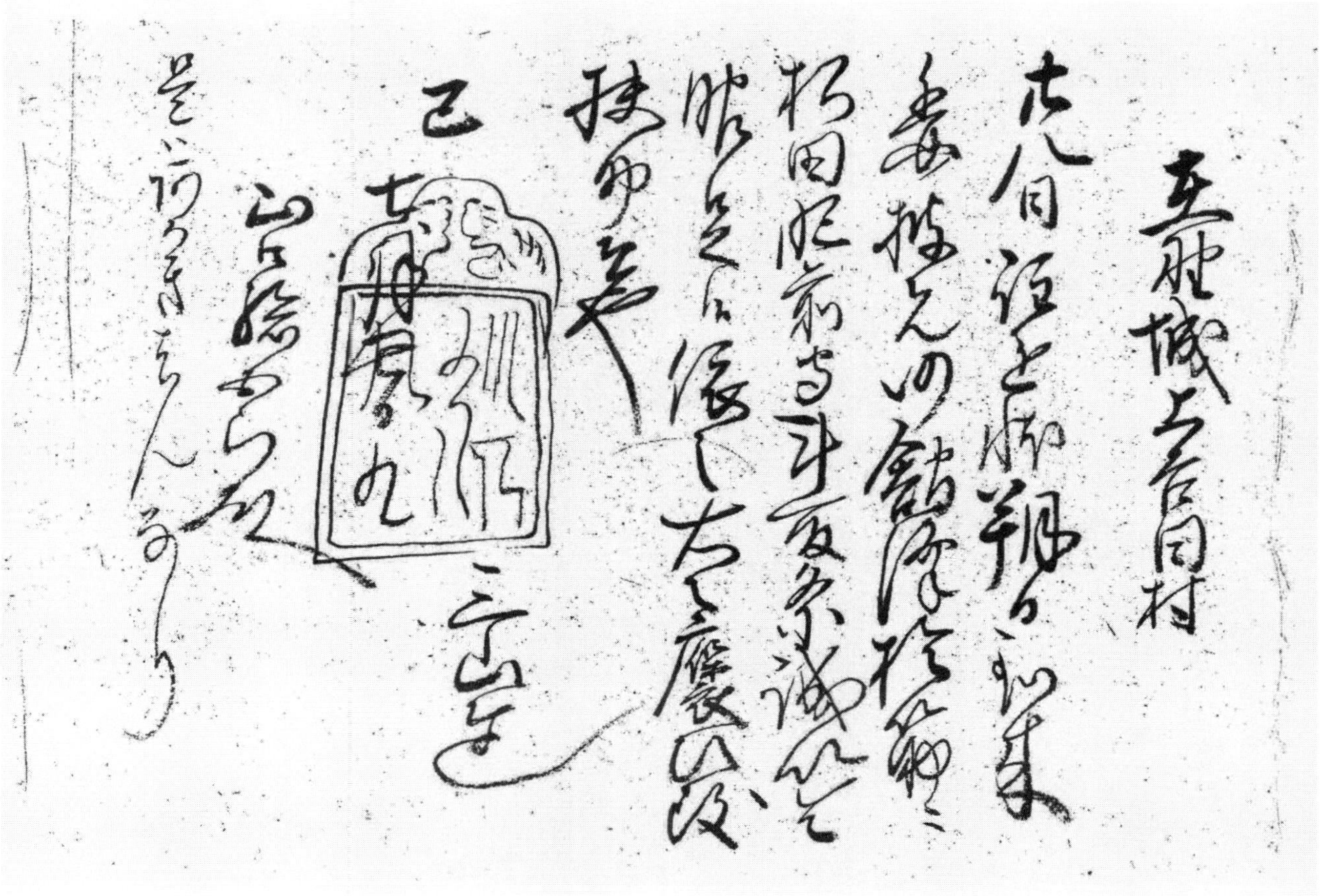

山口家文書2　**北条氏邦朱印状（写）**（永禄十二年）6―五八〇

「在野城上吉田村」

廿八日註進状朔日到来

委披見仍館澤於筋ニ

松田肥前守計（討）取条誠以令

服（満カ）足候依之右之褒ひ致

扶助者也

巳

七月七日（象印・翕邦挹福）三山奉之

山口孫五郎殿

「是ハあかきはんなり」

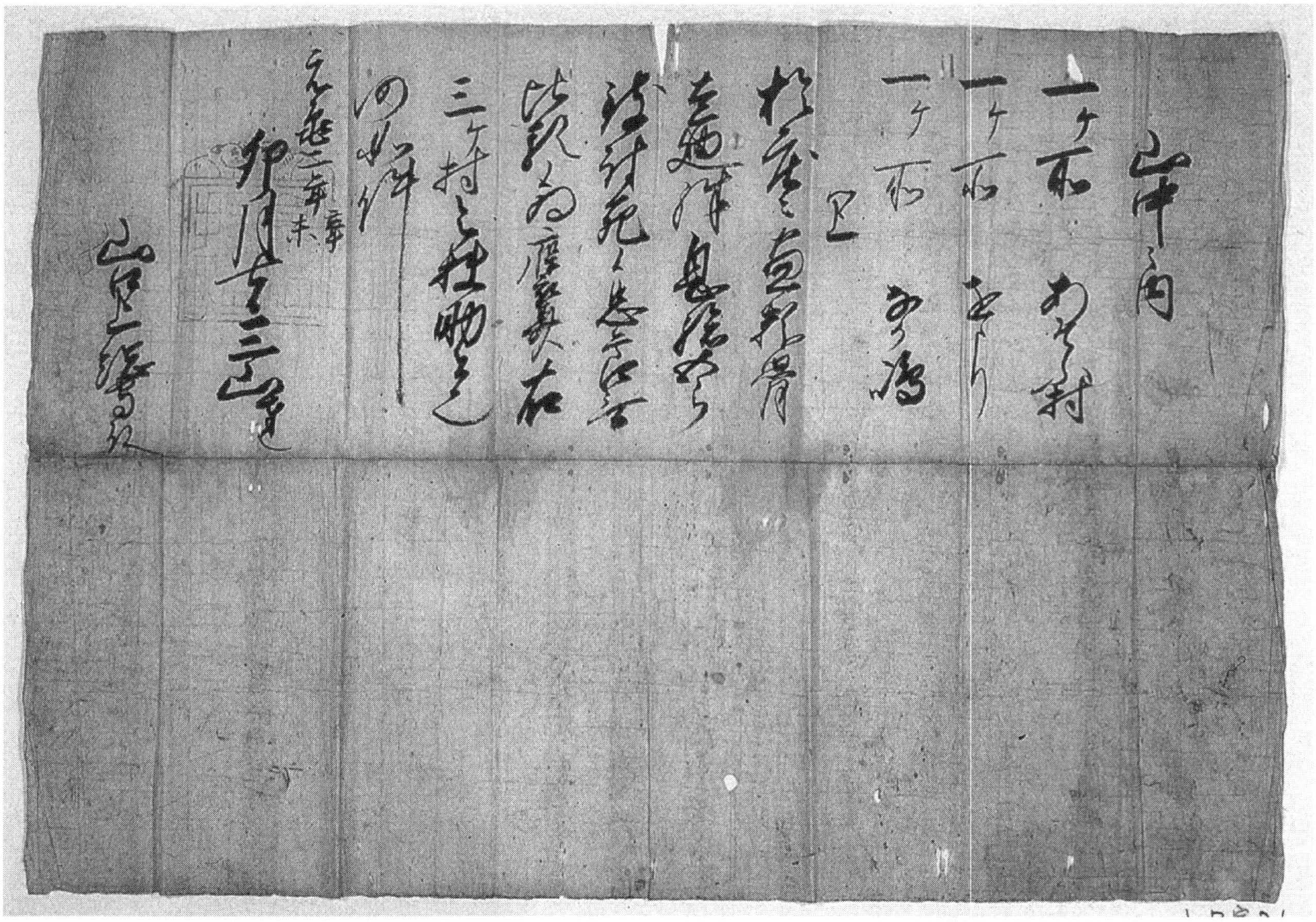

縦31.0cm、横44.5cm

山口家文書3　**北条氏邦朱印状**（元亀二年）6－六八〇

山中之内
一ヶ所　あそふ村
一ヶ所　をより
一ヶ所　なか嶋
以上
於度ゝ盡粉骨
走廻殊息孫五郎
致討死候忠節無
比類候為褒美右
三ヶ村令扶助者也
仍如件
元亀二年辛未
卯月七日三山　奉之（象印・翕邦挹福）
山口上総守殿

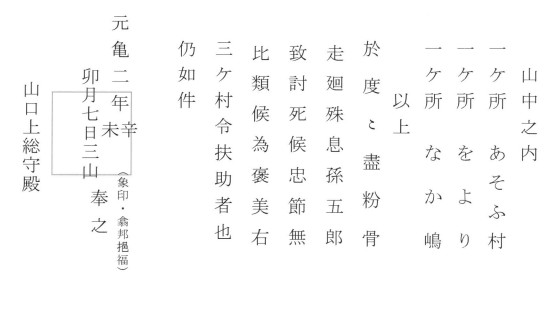

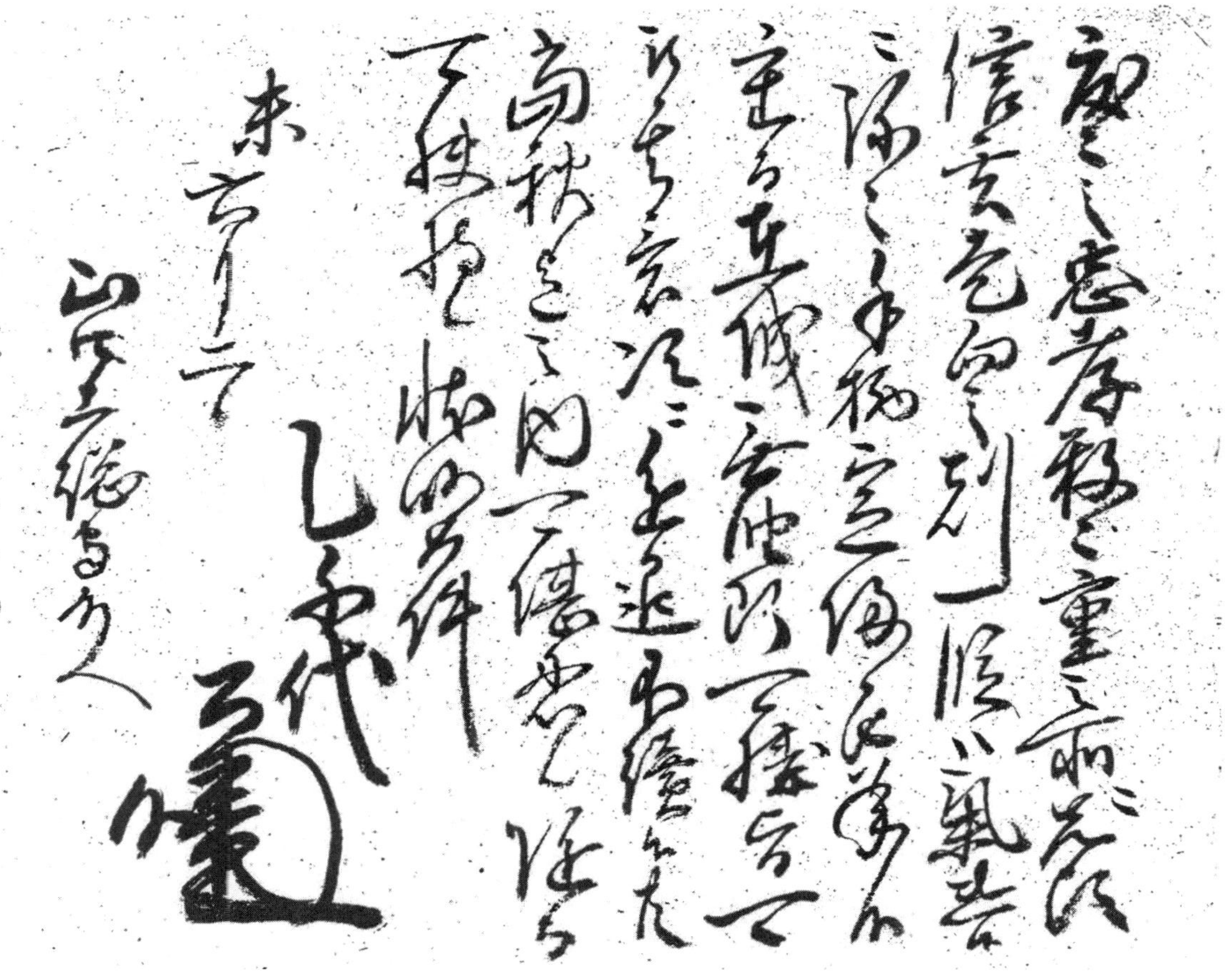

山口家文書4　**乙千代判物（写）**（元亀二年カ）

度々之忠孝数〻重之所ニ先頃
信玄走向之刻一段御気遣候
ニ弥〻手柄定帰候由承候
重而在城無油断可構旨可
被其意次ニ進退不続候共
當秋迄之内可堪忍候随而
可扶持候状仍如件

未
六月二日　　乙千代（花押）

山口上総守殿

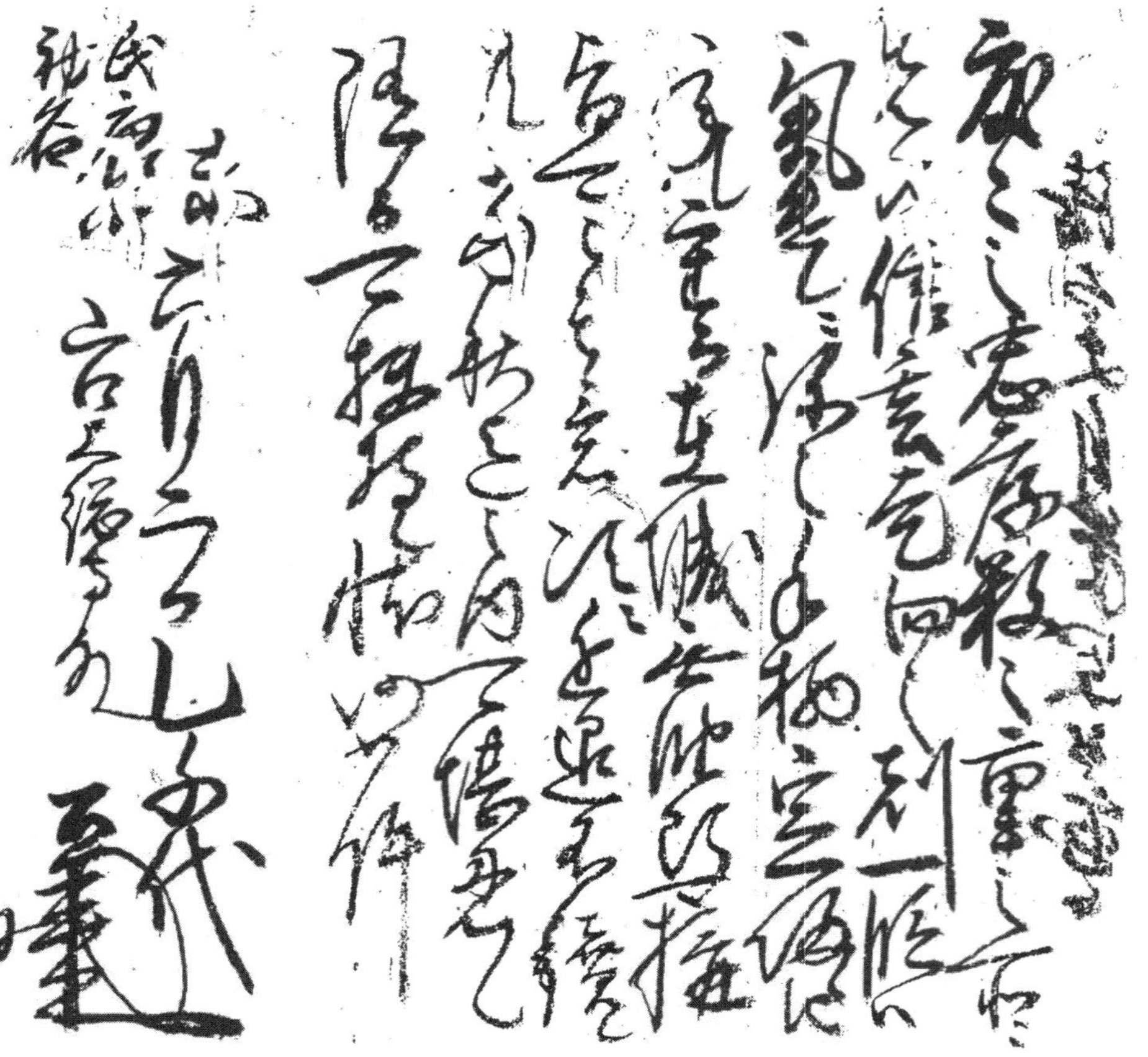

山口家文書5　「4に同じ文書」

度ゝ之忠孝数ゝ重之所ニ
先頃信玄走向之刻一段御
気遣候ニ弥ゝ手柄定帰候由
承候重而在城無油断可構
旨可被其意次ニ進退不続候
共當秋迄之内可堪忍候
随而可扶持候状仍如件

未
六月二日　乙千代
「氏康御初名」
山口上総守殿（花押）

（裏書）
清太夫自筆写被置候

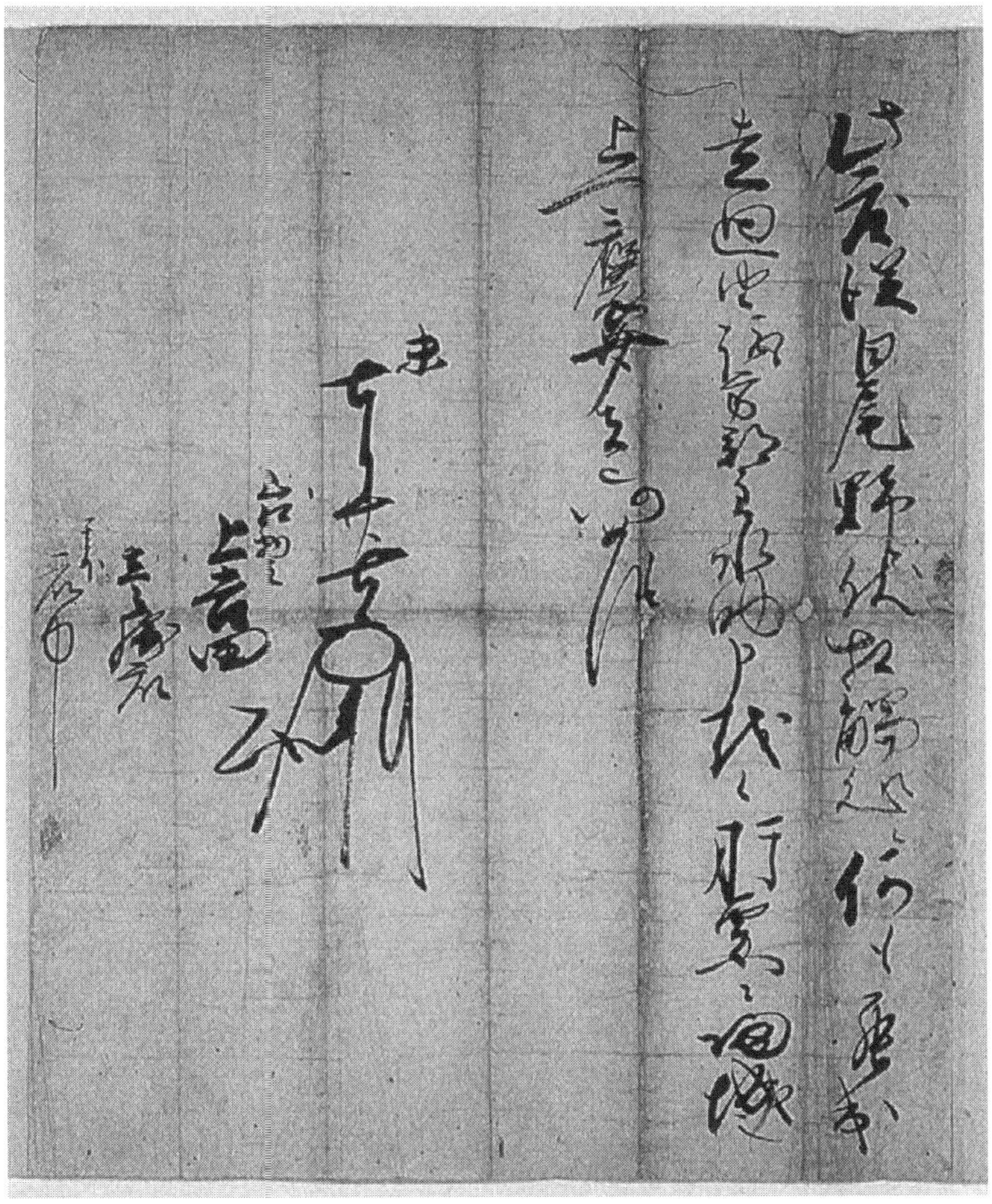

縦 27.8cm、横 21.9cm

山口家文書6　**北条氏邦判物**（元亀二年）6－一二二五

此度従日尾野伏相觸処ニ何も罷出
走廻由諏方部主水助申越候肝要候帰城之
上可褒美者也仍如件

未

七月廿七日(氏邦花押)

山口物主
上吉田
壱騎衆
其外
衆中

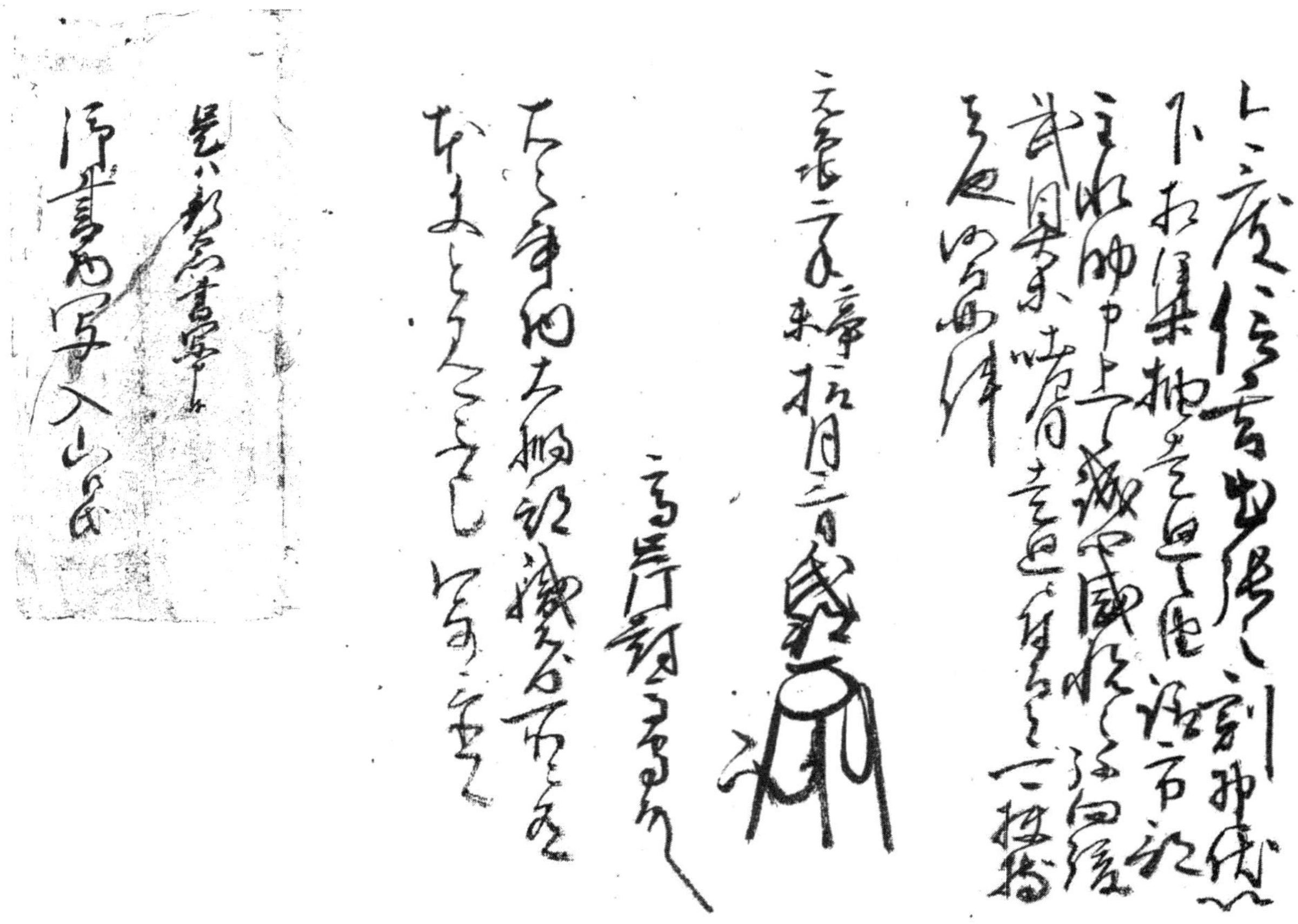

山口家文書7　**高岸文書　6—七一〇の写**（元亀二年）

今度信玄出張之刻野伏（諏）以
下相集抽走廻之由諏方部
主水助申上候誠以感悦候弥向後
武具等嗜走廻ニ付而者可扶持
者也仍而如件

元亀二年辛未極月三日　氏邦（花押）

高岸対馬守殿

「右之書物大棚部織右衛門所ニ有
本文と見へ不申候写置候」

（封書上書）

「是ハ新右衛門書写申候
御書物写入山口氏」

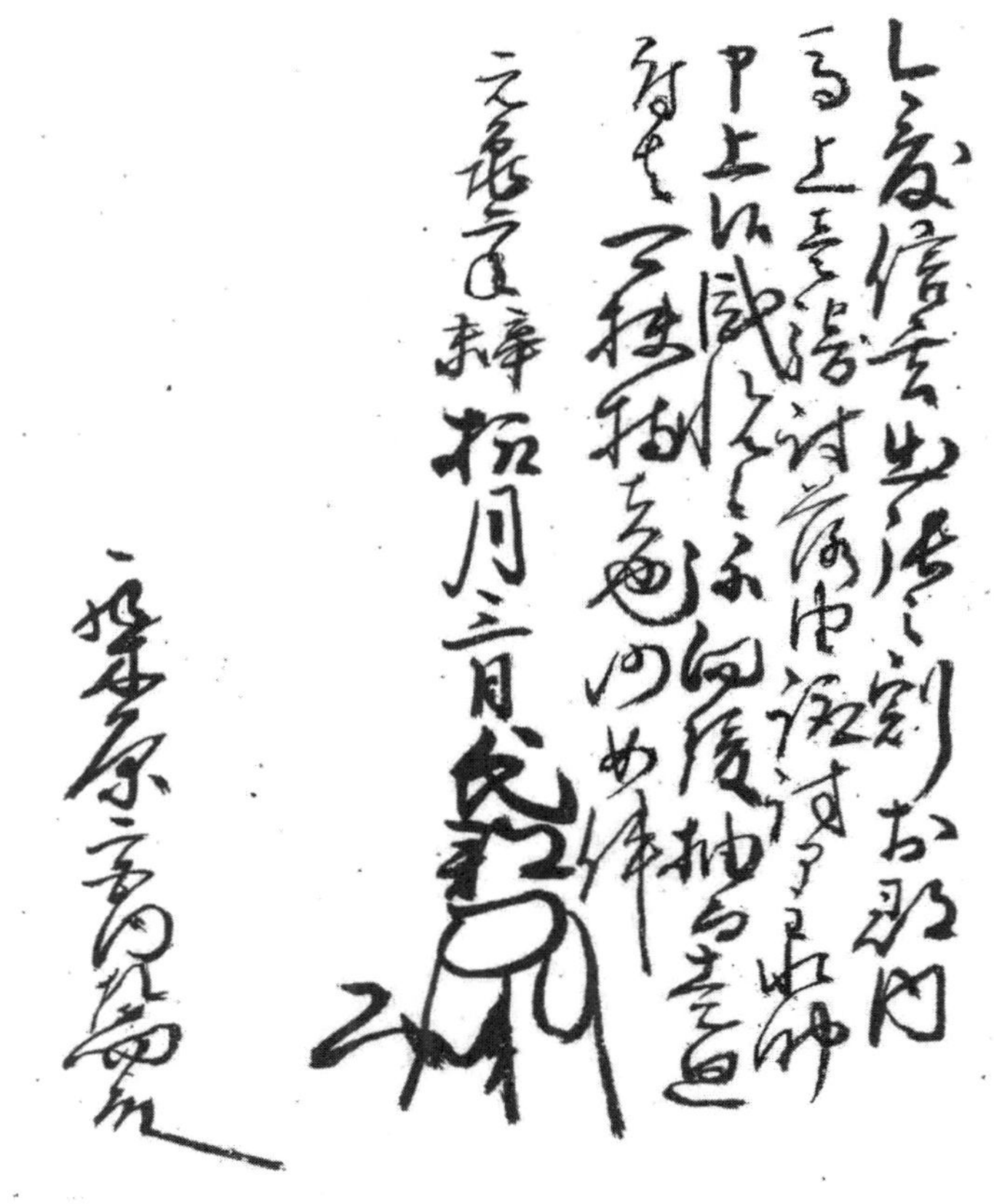

山口家文書8　**北条氏邦判物（写）**　6－七一一　（元亀二年）

今度信玄出張之刻於郡内
馬上壱騎討落由諏訪部主水助
申上候感悦候弥向後抽而走廻
付者可扶持者也仍如件

元亀二年辛未　極月三日氏邦（花押）

栗原宮内左衛門尉殿

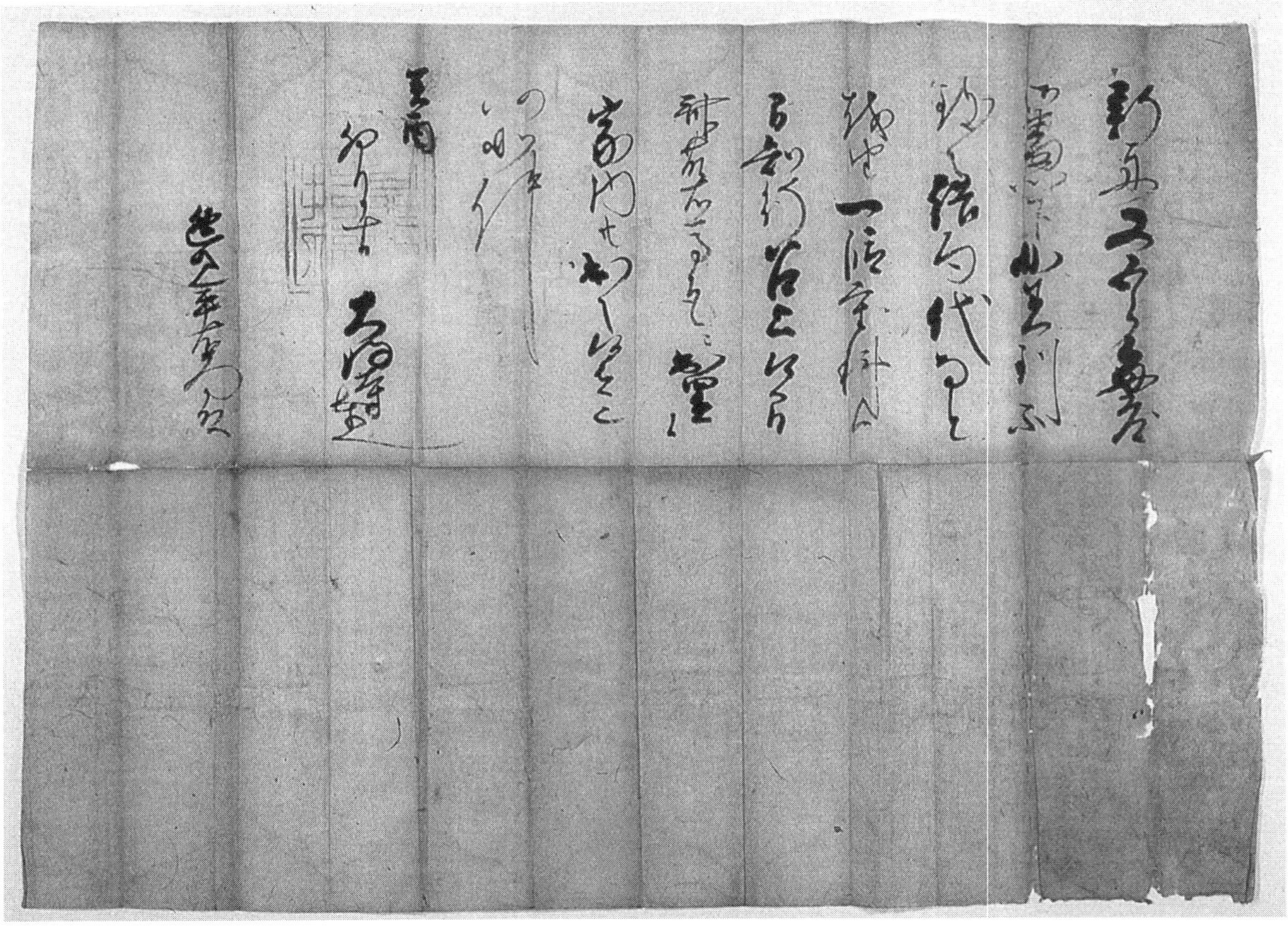

縦 32.5cm、横 22.6cm

山口家文書9 **北条氏邦朱印状**（元亀四年）6—七六四

新舟又五郎毎度
御番以下如着到不
致之結句代なと
越由一段重科候
間知行召上候間
斎藤右馬允ニ出置候
家門共出之候者也
仍如件

癸酉
卯月十日（象印・翕邦挹福）大好寺
奉之

逸見平右衛門殿

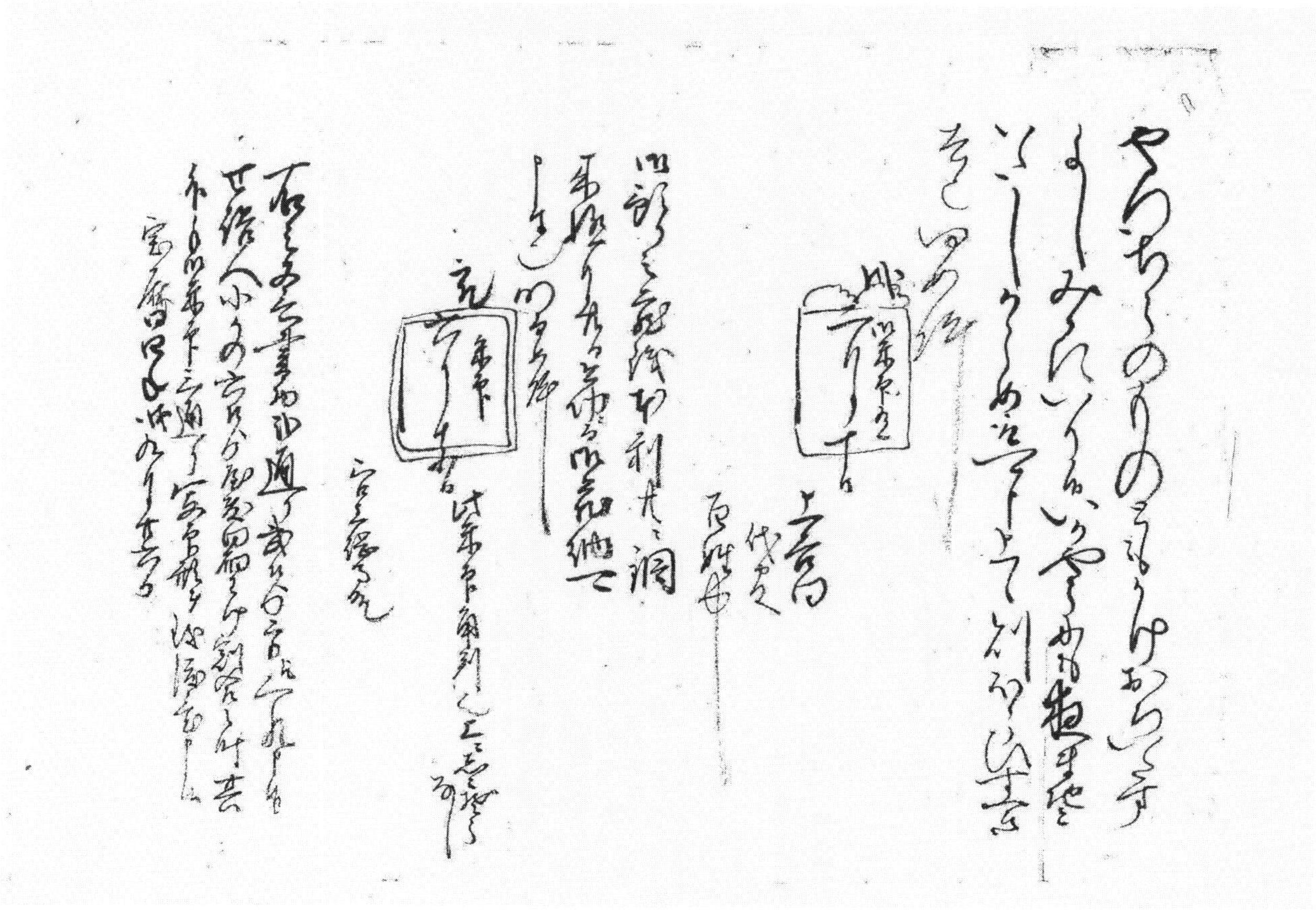

山口家文書10　**北条氏邦朱印状(写)**　(天正二年)　6―七九三

やっちうのものともかけおちいたす
よしみゝにいり候いかやうにも夜まちを
いたしからめ取可申上候則ほうひすへき
者也仍如件

戌「御朱印有」二月十一日

上吉田
代官
百姓中

山口家文書13　**北条氏邦朱印状(写)**　(天正八年)　6―一三七六

御預り之蔵銭本利共ニ調
来極月廿日を切ニ而御蔵納可
申付也仍而如件

辰「朱印」六月十五日

「此朱印角判也上ニししぞうなし」

山口上総守殿

「右之文言書物弐通り武左衛門方江くれ申候
世話人小かの六左衛門より屋敷田畑わけ割合之時其
外手御朱印三通り写印形ヲ致渡置申候
宝暦四年戌九月廿六日」

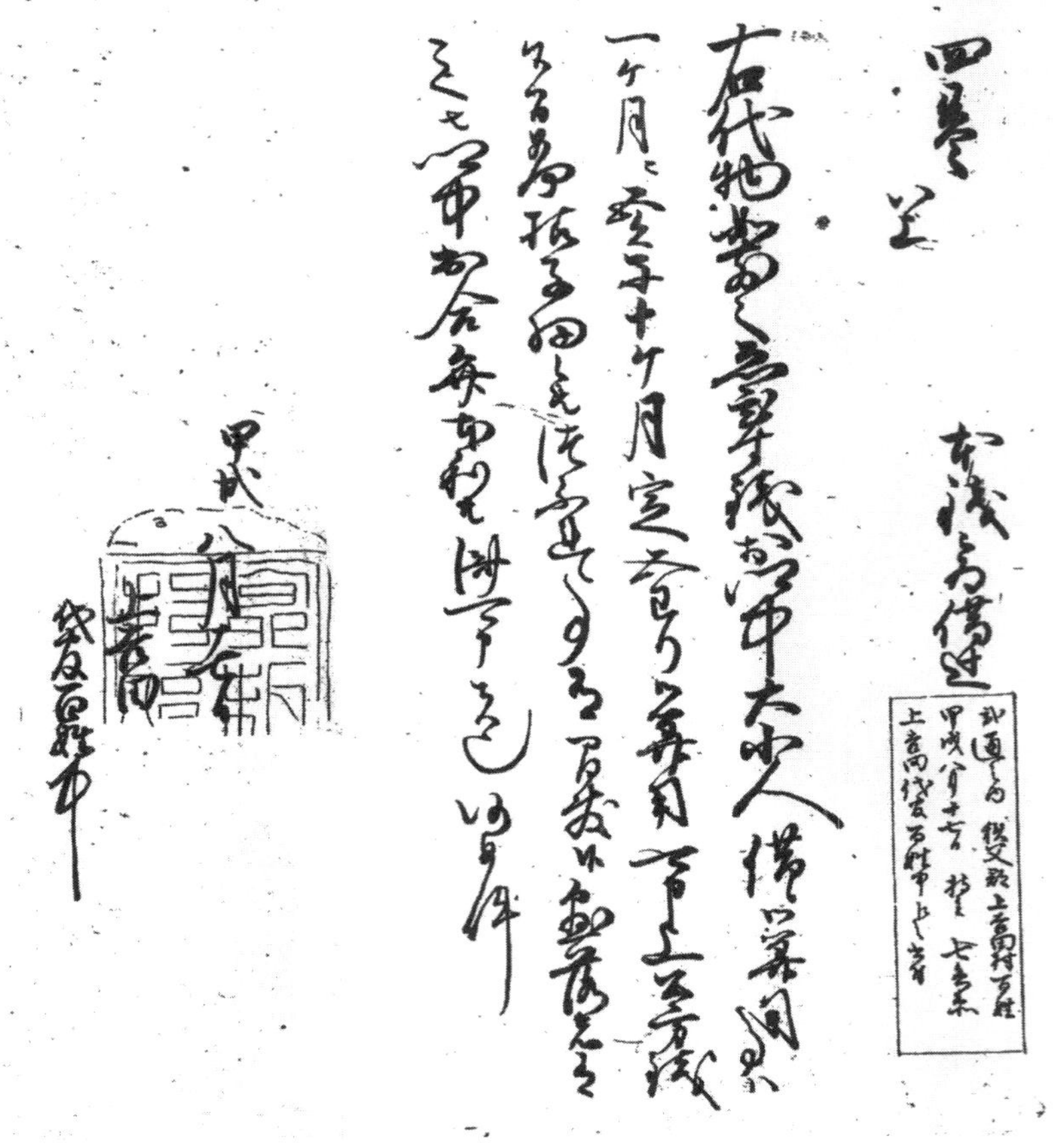

山口家（旧蔵）文書11〔諸州古文書十二所収〕

北条氏邦朱印状（写） 天正二年 6－八二三

（朱書）
弐通之内秩父郡上吉田村百姓
甲戌八月十七日持主七兵衛
上吉田代官百姓中江之書付

四貫文　本銭被為借辻
以上

右代物如前々ゑひす銭於郷中大小人借候御算用之事ハ
一ヶ月ニ五文与十ヶ月定五わり御算用可申上公方銭
候間如何様子細候共つふれ候事有間敷候懸落者有
之者郷中出合弁本利共済可申者也仍如件

甲戌
八月十七日（象印・翕邦挹福）

上吉田
代官百姓中

縦 31.2cm、横 43.6cm

山口家文書12　**北条氏邦朱印状**（天正八年）6ー一〇二七

番衆十人ツヽ申付候
此内わらハへなと
参候ハヽ諏訪部所江
申越いかにも人
改をもいたすへく候
又かミ小籏をも
いたし廿本も卅本も
可立置候能ゝ念
を遣可走廻者也仍
如件

辰
三月廿二日（象印・翕邦挹福）

山口下総守殿

各衆中
小川殿
宮前殿

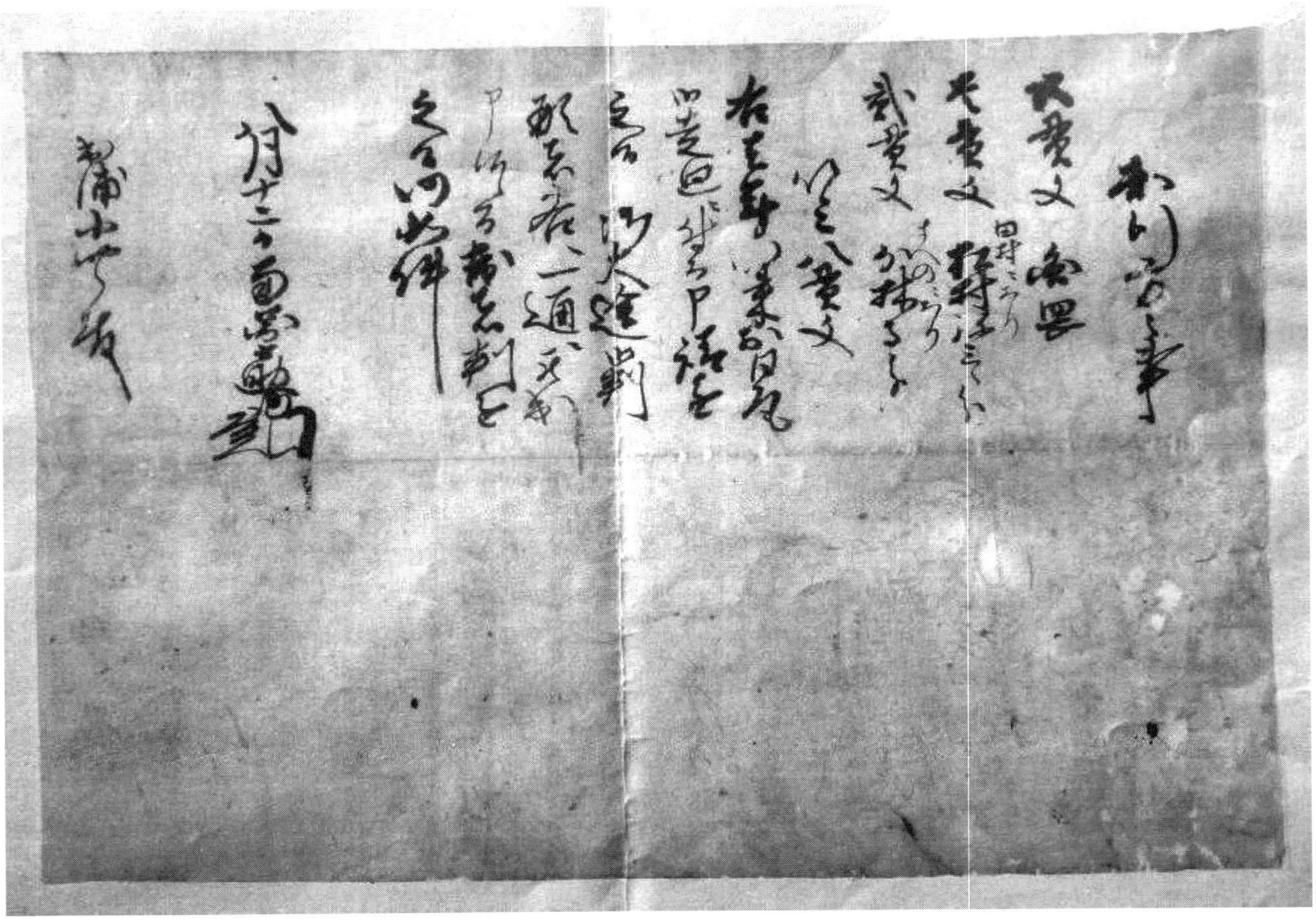

縦 32.5cm、横 46.3cm

埼玉県指定文化財

出浦家文書　小鹿野町両神薄　出浦信行氏蔵

出浦家文書１　**南図書助判物**（永禄五年）12－一二四六

知行方之事
五貫文　圓岡
壹貫文　松村《田村ニあり》弥三郎分
弐貫文　少林《すへのニあり》寺分
以上八貫文
右去年以来於日尾
御走廻ニ付而申請進
之候　御大途御判
形者各へ一通ニ罷出し
申候之間拙者判進
之候仍如件
八月十二日　南圖書助（花押）

出浦小四郎殿

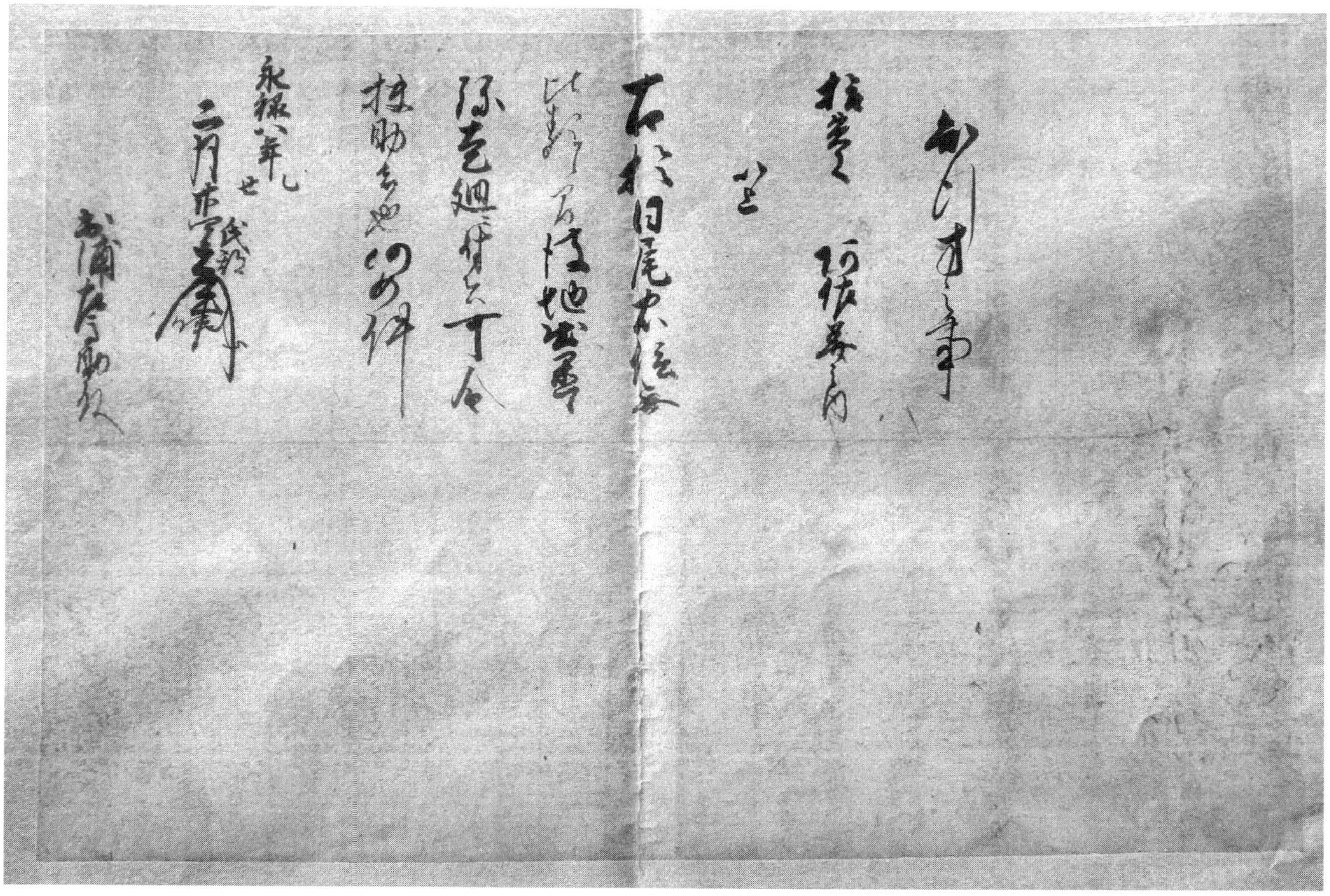

縦 31.6cm、横 46.3cm

出浦家文書２　**北条氏邦判物**　（永禄八年）12－二八二

知行方之事

拾貫文　阿佐美之内

以上

右於日尾忠信無

比類候間彼地出置候

弥走廻ニ付者可令

扶助者也仍如件

永禄八年乙丑（後筆「氏邦」）

二月廿四日（花押）

出浦左馬助殿

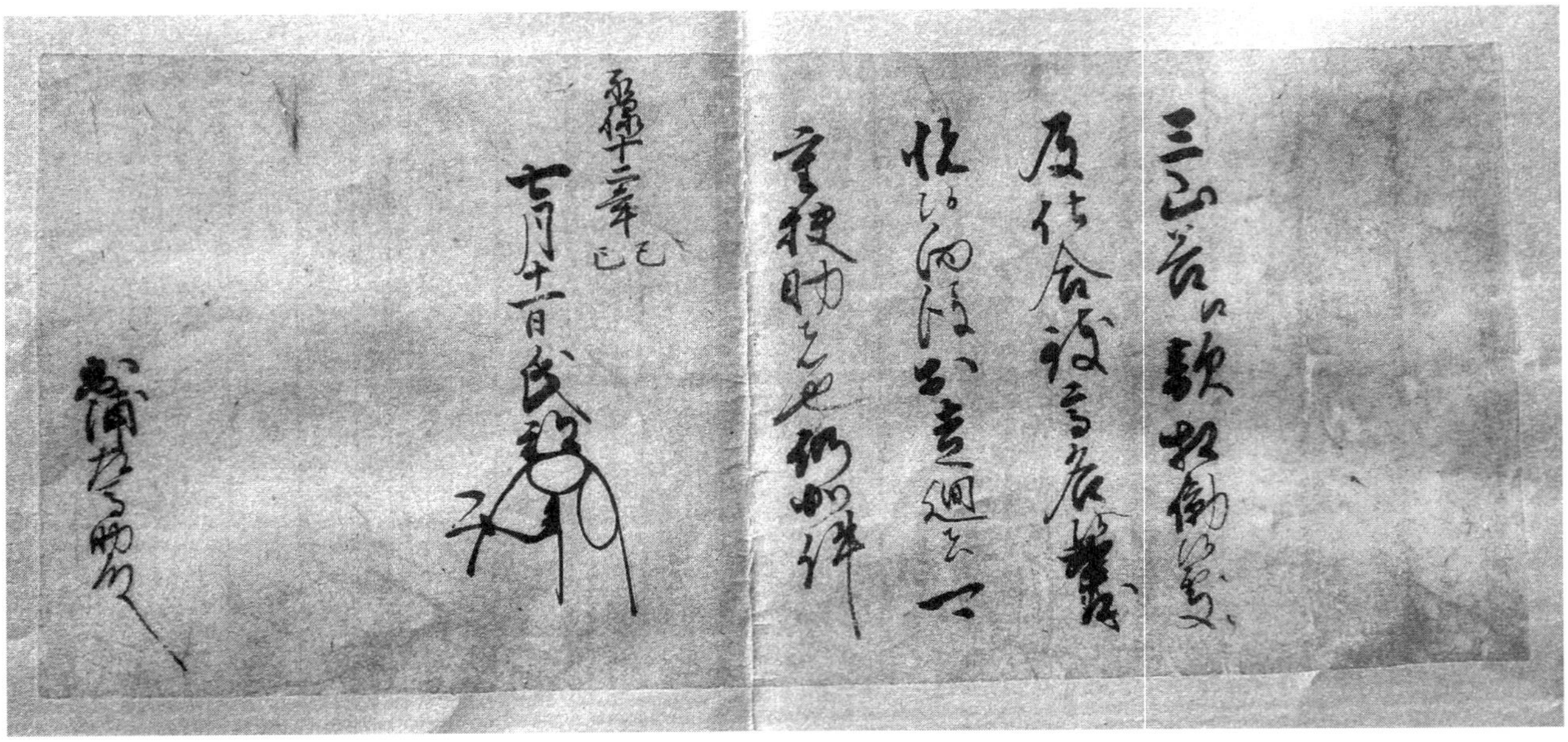

縦 20.0cm、横 46.0cm

出浦家文書３　**北条氏邦判物**（永禄十二年）６―五八一

三山谷江敵相働候処
及仕合致高名候（事カ）□感
悦候向後於走廻者可
重扶助者也仍如件
永禄十二年己巳
七月十一日氏邦（花押）

出浦左馬助殿

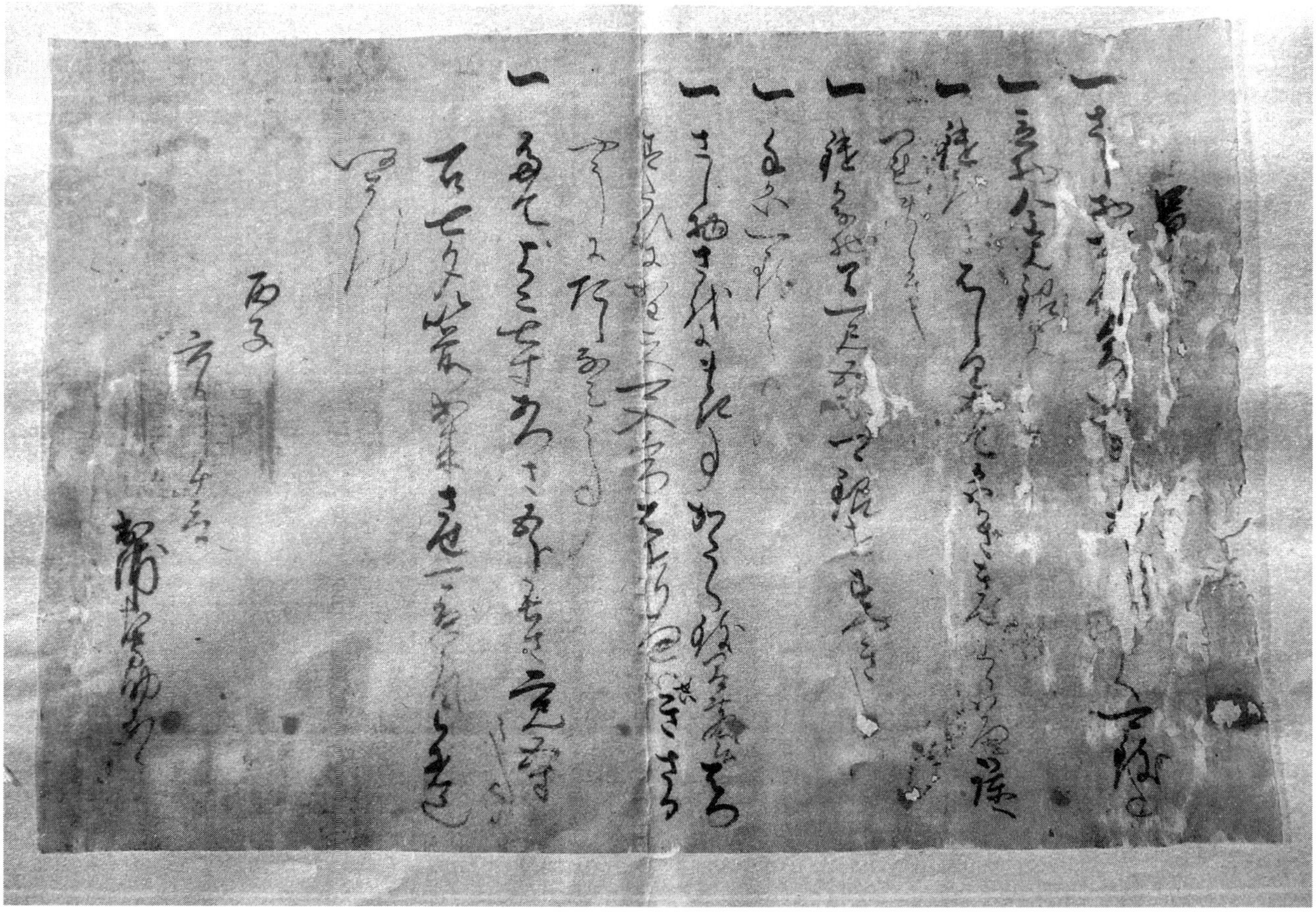

縦 31.2cm、横 44.6cm

出浦家文書４　**北条氏邦朱印状**（天正四年）　６－八七四

軍□□

一さし物□□□□□□□□□《地くろいつれもあたらしく》可致事

一立物金□《欤》銀□《欤》

一鑓□□□《かつき》はしり□《あ》てかハかさきせわらハ御陣へ
つれましき事

一鑓かな物間一尺五寸つゝ銀をすへき事

一手かい可致之事

一さし物さをにまき事かたく致間敷候はつ
すたひにかわこへ可入くろはをりへい《せい》きさる
やうにたしなミ之事

一たてよこ七寸あつさ五分長さ二尺五寸之事

右七夕以前出来させ可懸御目候者也

仍如件

丙子

六月十三日（象印・翕邦把福）

出浦左馬助殿

（註）欠損部分は諸州古文書によって補った。

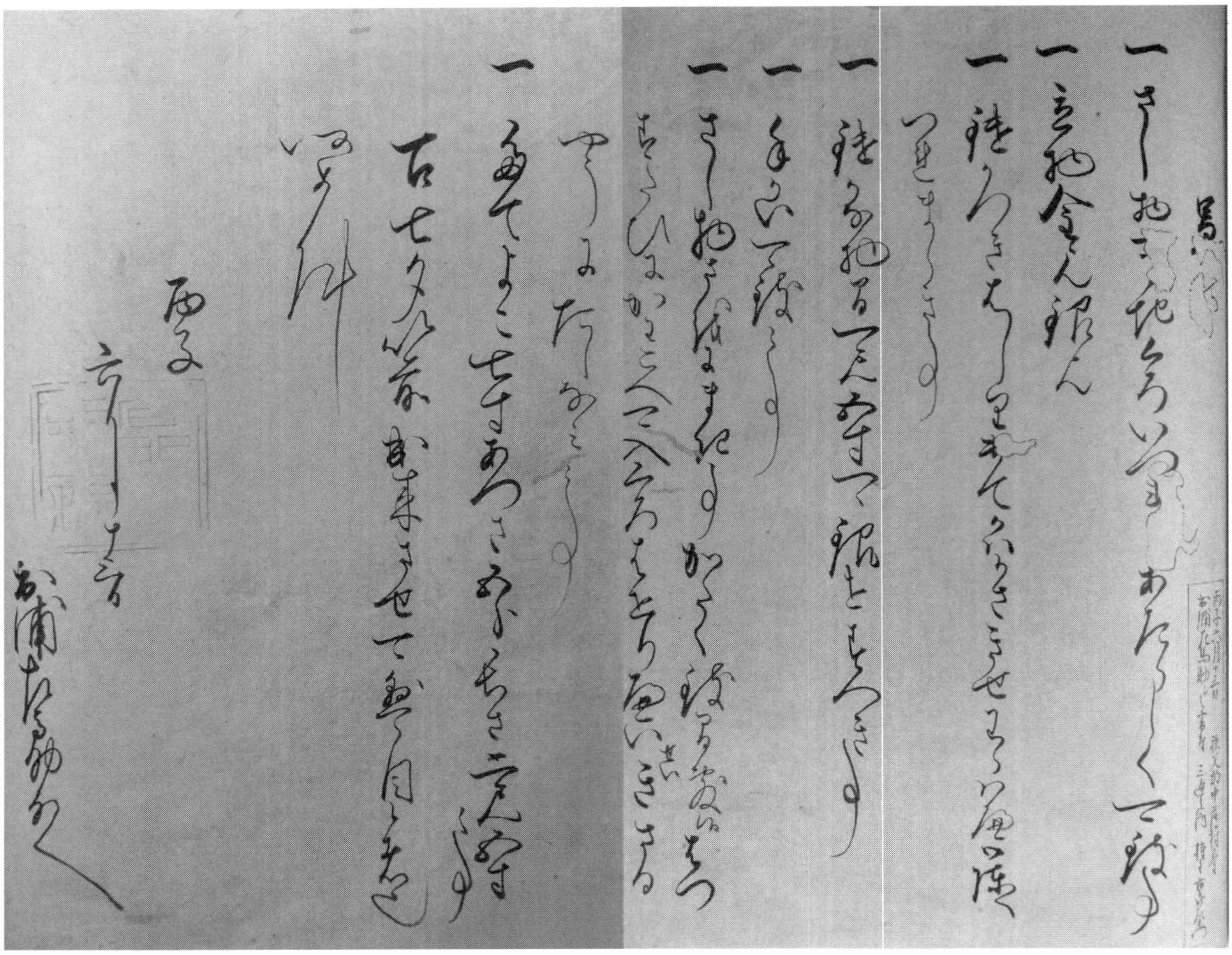

参考『諸州古文書』武州十二から転載。写真二頁分を合成

堤家（旧出浦家）玄廣旧蔵文書　小鹿野町両神薄『諸州古文書』十二武州

堤家文書１　伝馬手形（写）（天正十三年）６ー一三一六

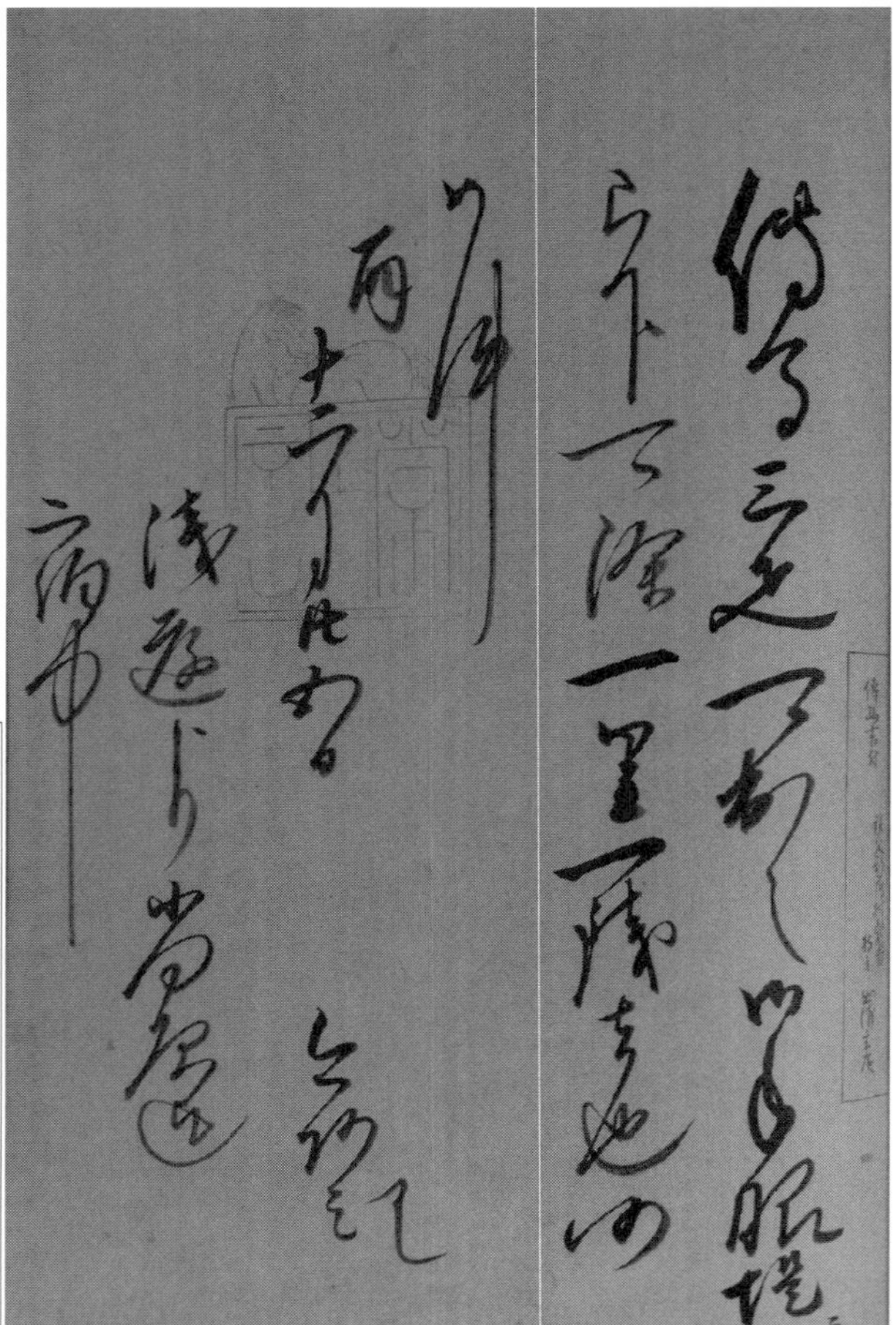

『諸州古文書』十二武州から転載

伝馬書付　秩父郡薄村醫者
持主　出浦玄廣

傳馬三疋可出候御手脇堤ニ（朱書）
被下可除一里一銭者也仍
如件

酉（馬印「常調」）
十二月廿五日　今阿ミ
奉之

淺庭（「浅羽カ」）より小田原迄
宿中

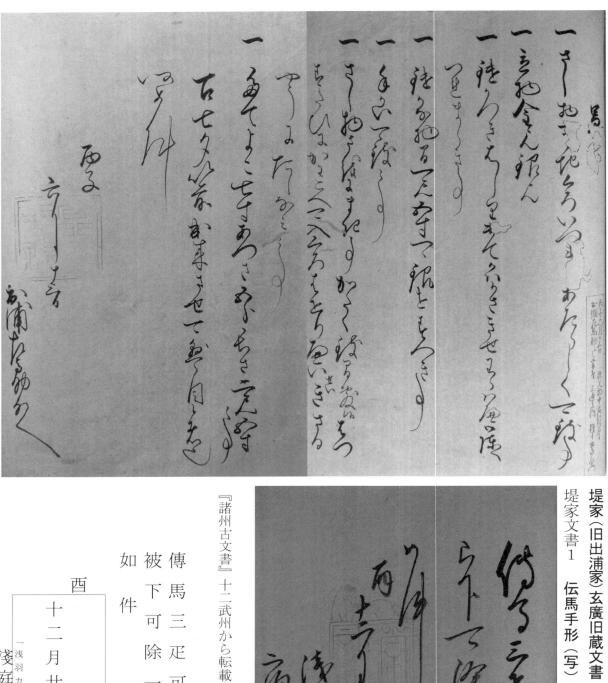

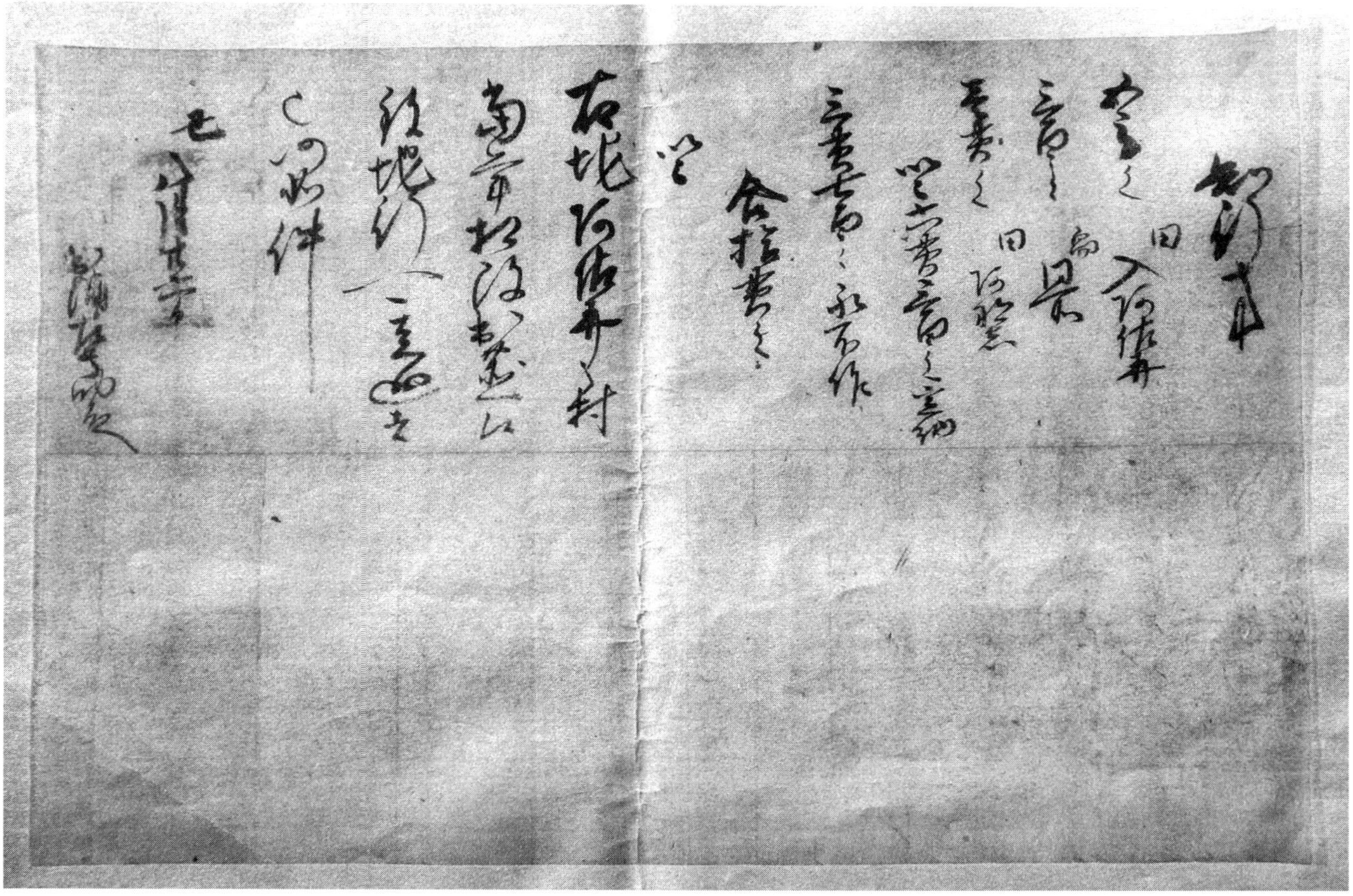

縦 31.5cm、横 45.7cm

出浦家文書5　**北条氏邦朱印状**　（天正五年）12ー四八七

知行方

五貫文　田　入阿佐美

三百文　畠　同所

壱貫文　田　阿那志

以上六貫三百文定納

三貫七百文永不作

合拾貫文

以上

右地阿佐美之村

當年相改出置候

致地（知）行可走廻者

也仍如件

丑

八月廿六日　（象印・翕邦挹福）

出浦左馬助殿

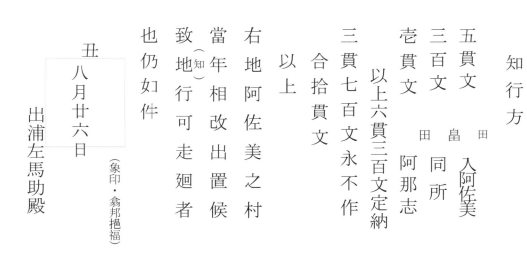

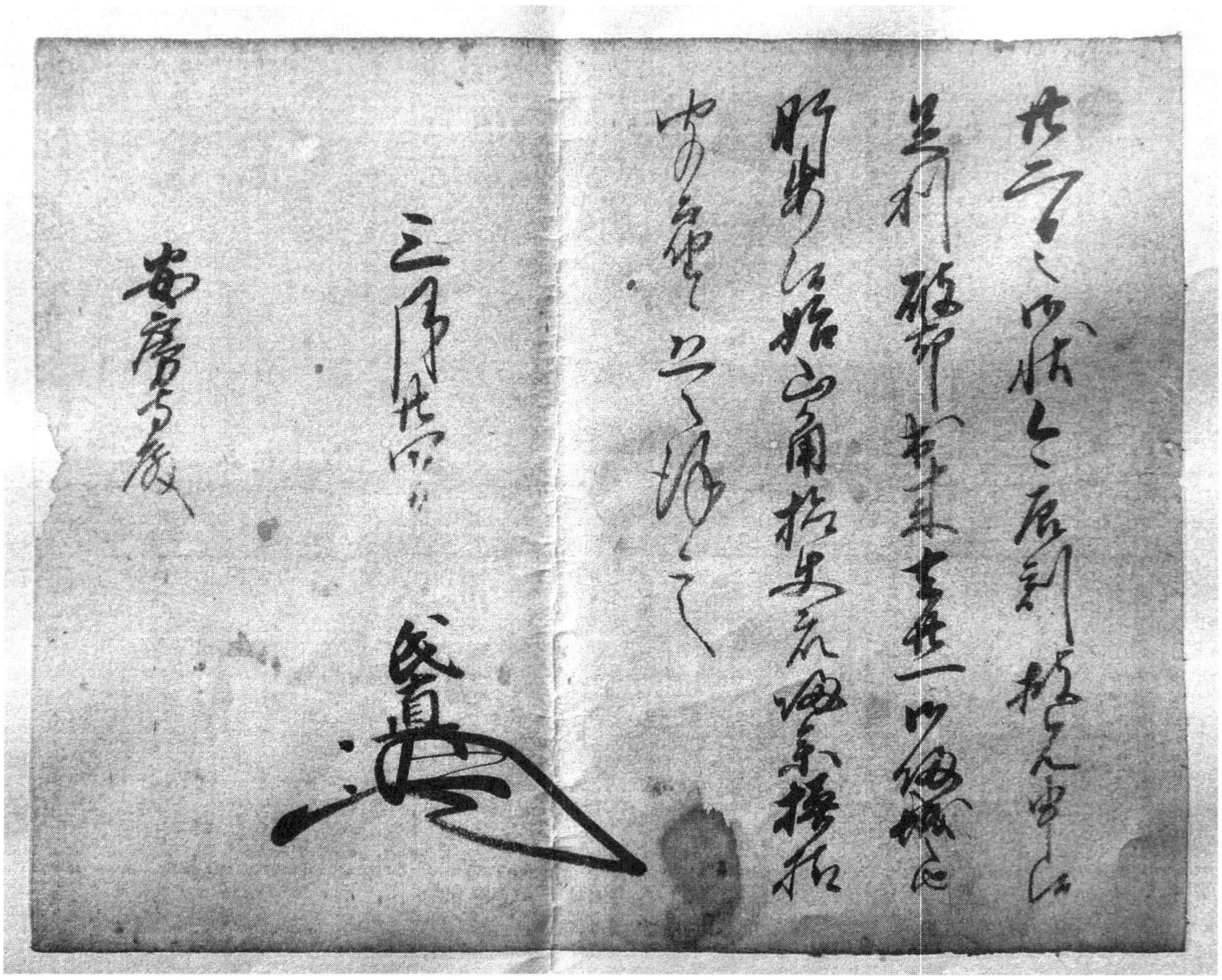

縦 29.5cm、横 34.8cm

出浦家文書6　**北条氏直書状**（天正十七年）　6—一六七六

廿二日之御状今辰刻披見申候
足利破却出来去廿一日御帰城之由
肝要候始山角検使衆帰参模様
聞届候恐ゝ謹言

三月廿四日　氏直（花押）

安房守殿

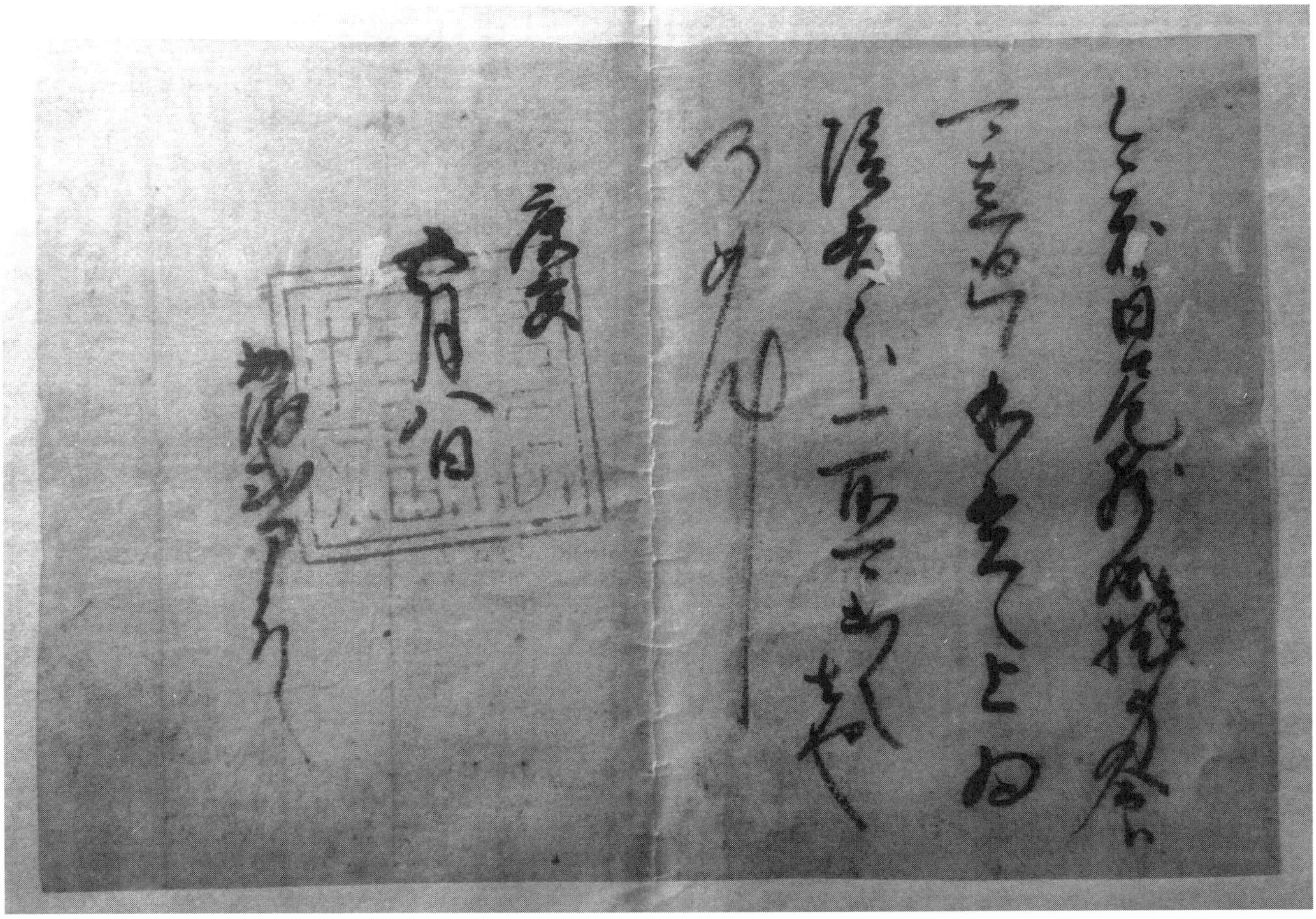

縦 15.5cm、横 22.1cm

出浦家文書7　**北条氏邦朱印状**　（天正十八年）12－九一七

今度日尾籠城抛身命
可走廻候本意之上爲
隠居分一所可出之者也
仍如件

庚寅
五月八日　（翕邦挹福）

出浦式部殿

縦 30.6cm、横 32.6m

埼玉県指定文化財

高岸家文書　秩父市上吉田　高岸五郎氏蔵

高岸家文書1　**北条家朱印状**（永禄四年）　6―三一九

當郷諸役令免許候

御本意此時候間在所之

者共相集無二無三ニ

可走廻候至于忠節

相重者一所可被宛行

者也仍状如件

（虎印・祿寿応穏）

辛酉
九月廿七日　大蔵丞奉

（宛所切断され見えず）

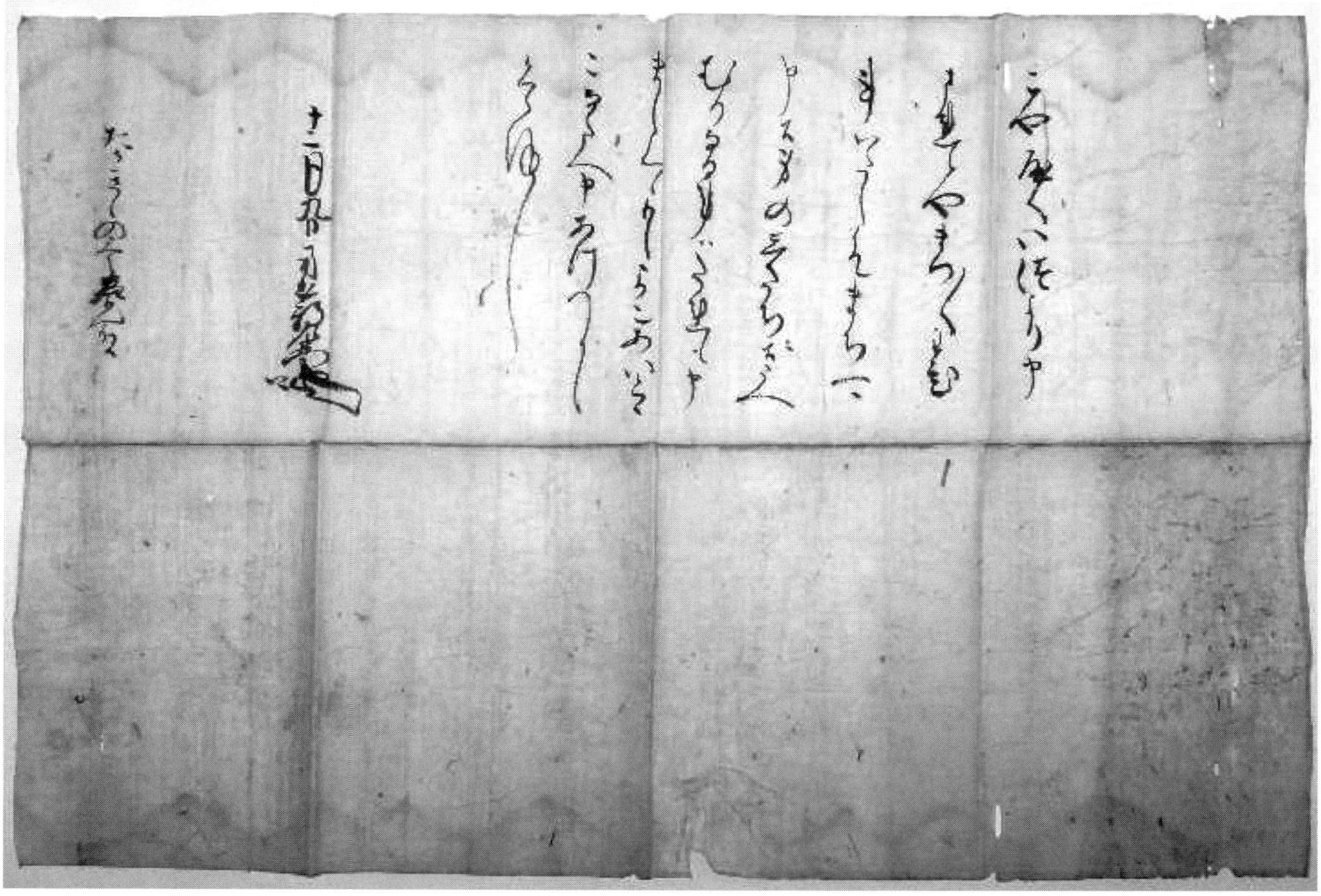

縦 32.0cm、横 45.5m

高岸家文書2　**用土新左衛門尉書状**（永禄六年カ）　6－付六二

こやくいつより申
され候やまつ〱わひ
事いたし候てまち可
申候身のしたちニ候うへ
むりなる事ハたれも申
ましく候もしよこあい候ハヽ
こなたへ申しあけへく候
恐ゝ謹言

十二月九日　用土新左衛門尉（花押）

たかきしの三郎左衛もん殿

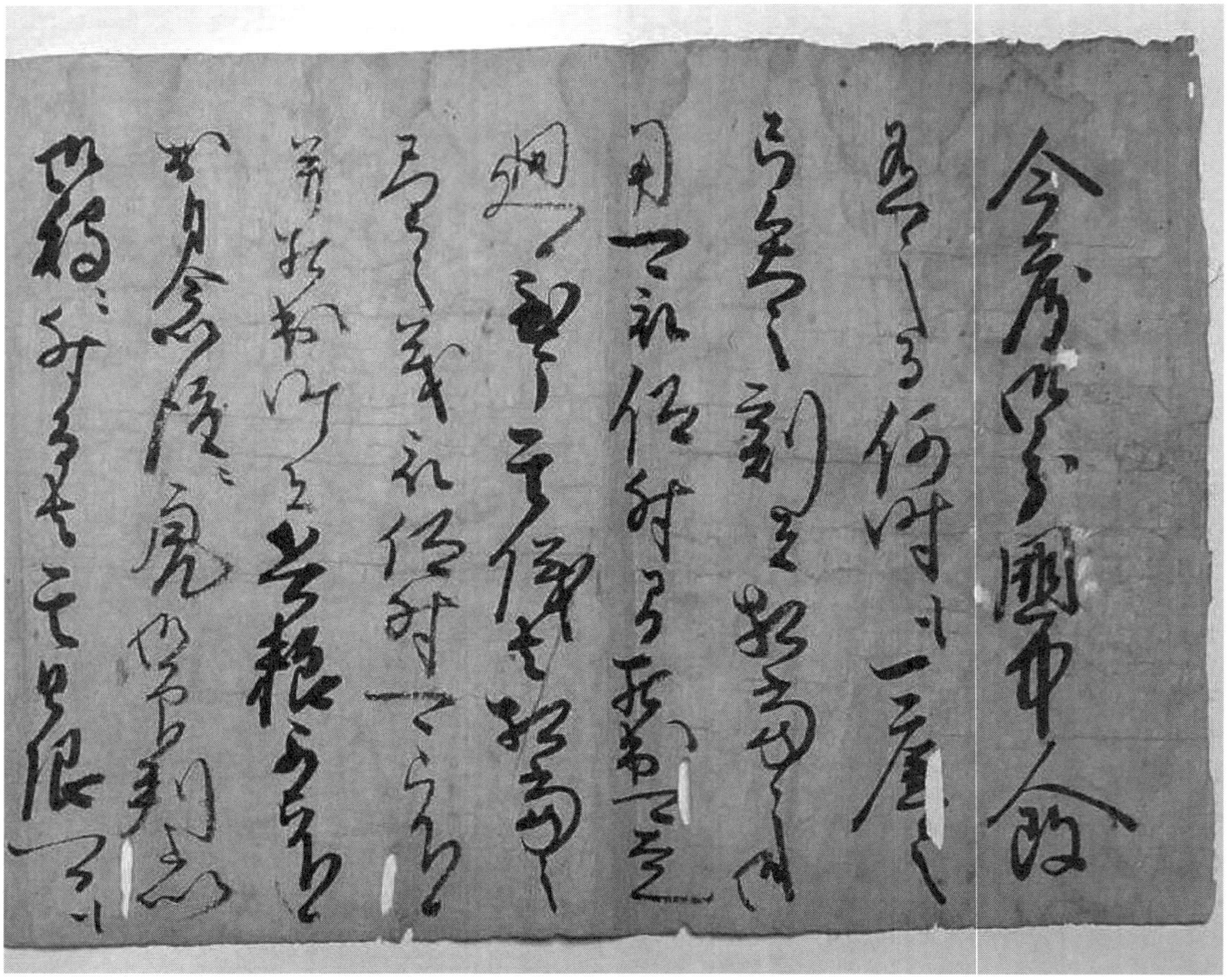

縦 15.4cm、横 42.1cm

高岸家文書３　北条家朱印状（永禄十三年）６－一一〇

今度御分國中人改
有之而何時も一廉之
弓矢之刻者相當之御
用可被仰付間罷出可走
廻候至于其儀者相當之
望之義被仰付可被下候
并罷出時者兵粮可被下候
於自今以後ニ虎御印判を以
御触ニ付而者其日限一日も

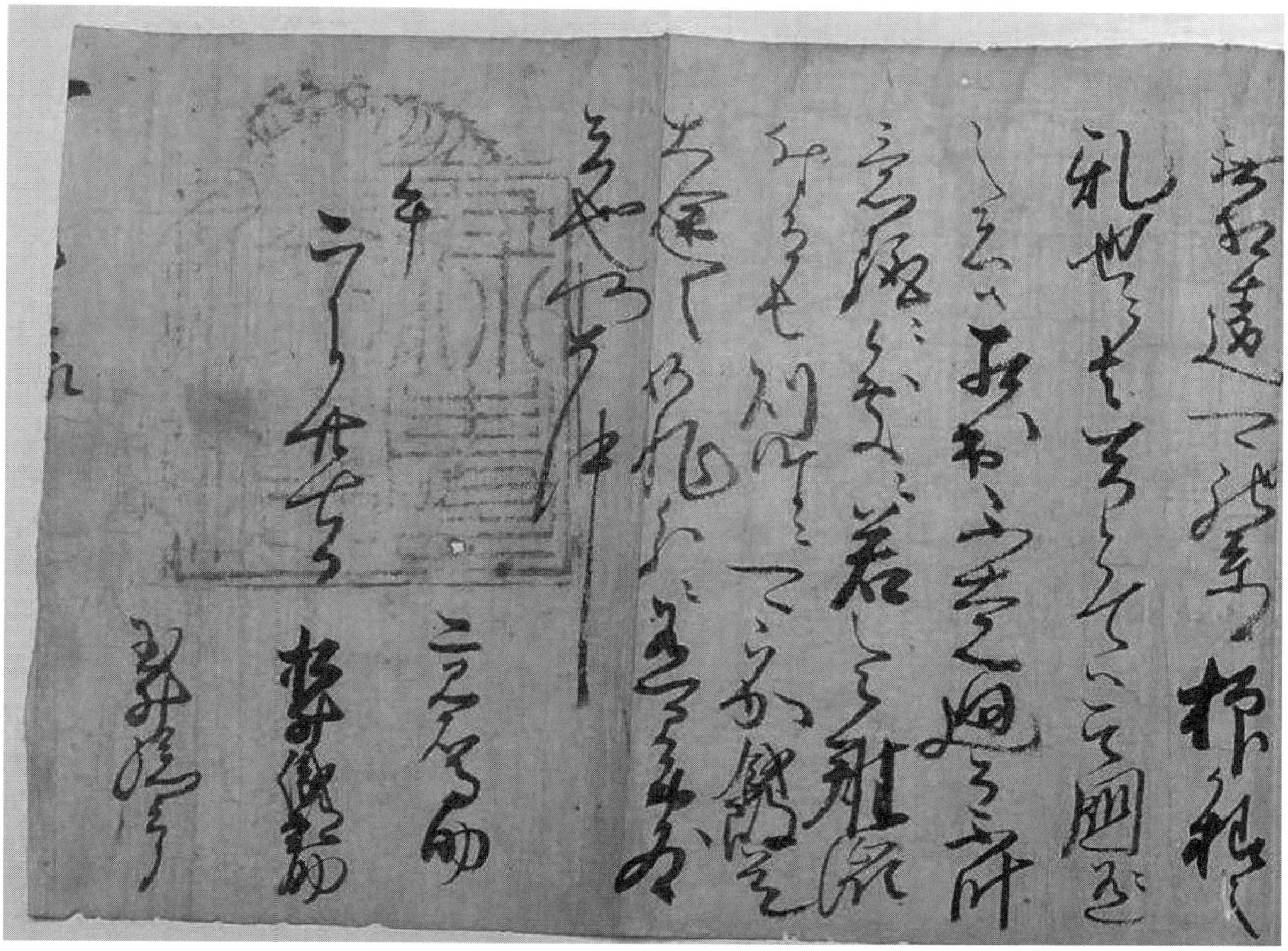

（続き）

無相違可馳参候抑か様之
乱世ニ者去とてハ其國ニ有
之者ハ罷出不走廻而不叶
意趣ニ候処ニ若令難渋
付而者則時ニ可被加成敗是
大途之御非分ニ有間敷
者也仍如件

（虎印・禄寿応穏）

午
二月十七日　二見右馬助
松井織部助
玉井孫三郎

註　宛所切れてみえず

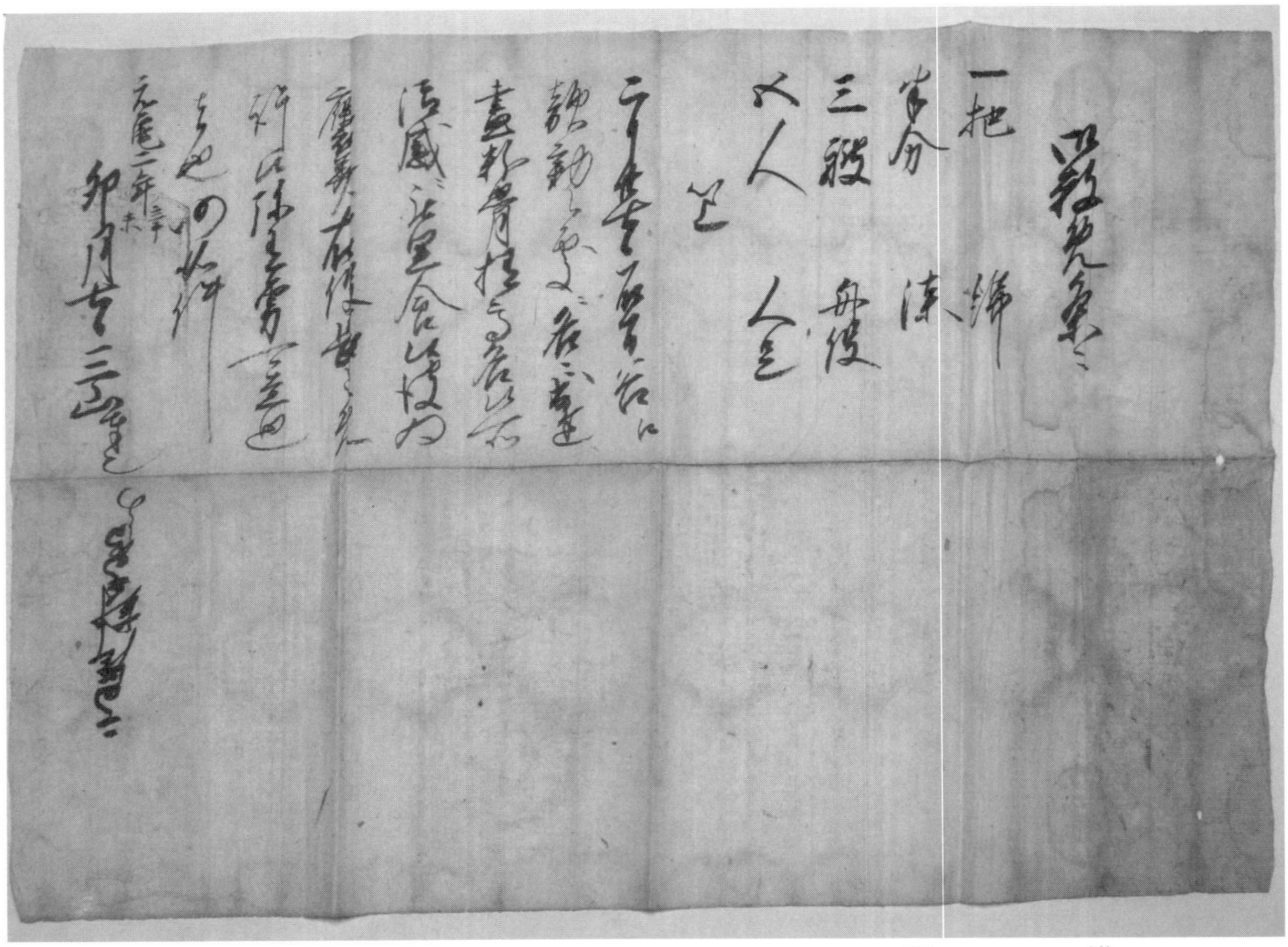

縦 31.4cm、横 45.4cm

高岸家文書4　**北条氏邦朱印状**　（元亀二年）　6－六八一

御赦免条々　　　高岸對馬守との

一把　綿
半分　漆
三艘　舟役
五人　人足
以上

二月廿七日石間谷江
敵動候處ニ各々へ出逢
盡粉骨極高名候所
御感ニ被思食候彼為
褒美右役長令免
許候弥有勇可走廻
者也仍如件

元亀二年辛未　（象印・翁邦挹福）
卯月七日　　三山　奉之

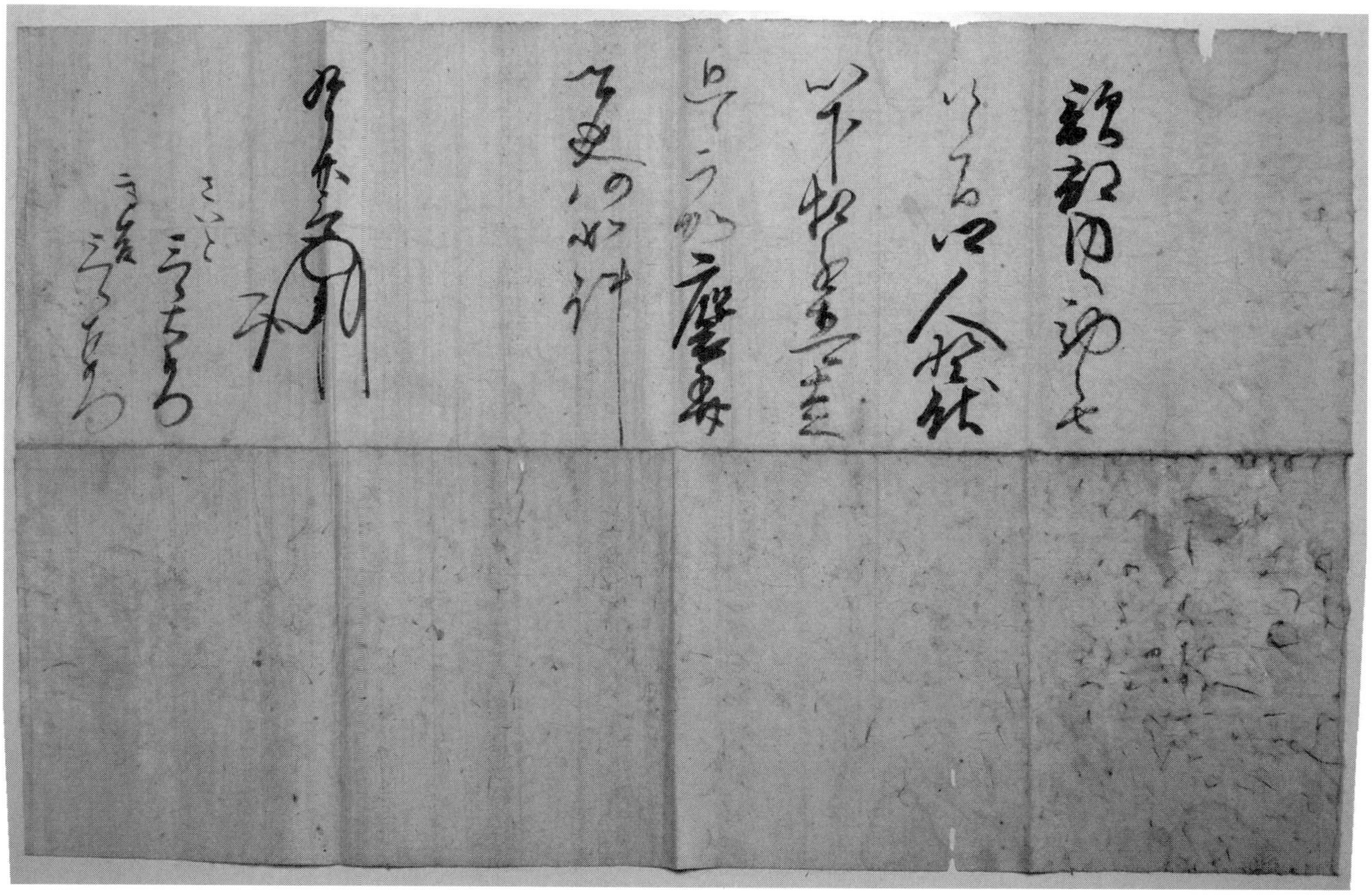

縦 20.8cm、横 44.4m

高岸家文書5　**北条氏邦判物**　（元亀二年）　6ー一七一三

敵郡内へ動之由
候之間郷人野伏
以下相集可走
廻候可加褒美
者也仍如件

九月廿三日（花押）

さいと(う)
三郎右衛門

高岸
三郎左衛門

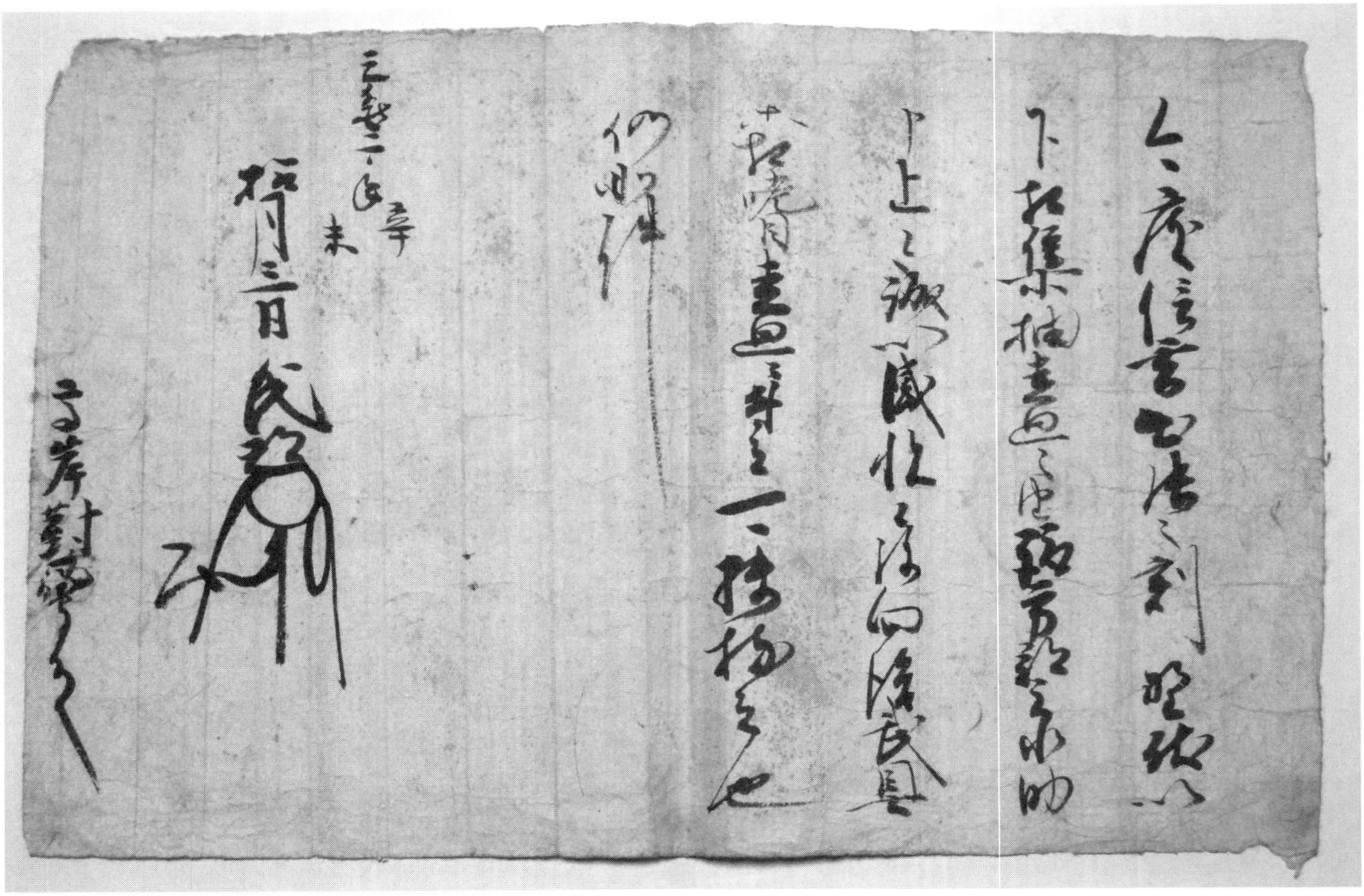

縦 18.5cm、横 27.9cm

高岸家文書6　**北条氏邦感状**（元亀二年）　6－七一〇

今度信玄出張之刻野伏以
下相集抽走廻之由諏方部主水助
申上候誠以感悦候弥向後武具
等相嗜走廻ニ付者可扶持者也
仍如件

元亀二年辛未
極月三日　氏邦（花押）

高岸對馬守殿

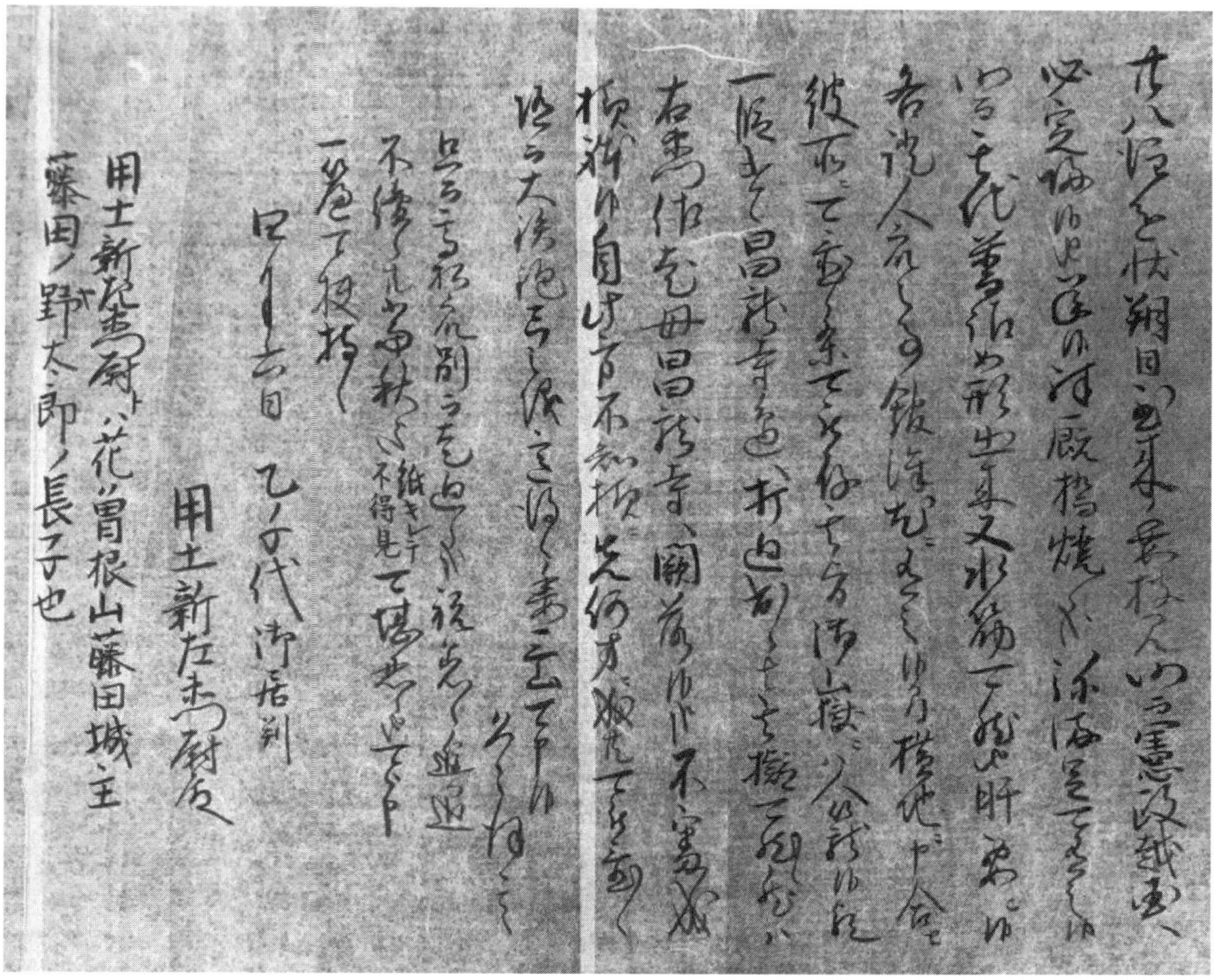

（『吉田系図』）

（註1）逸見家文書の写だが内容が若干異なる。

吉田家文書　小鹿野町小鹿野吉田久子氏蔵・小鹿野町教育委員会寄託

吉田家文書1　**乙千代書状（写）**　（永禄五年）6―三三九（写）

廿八注進状朔日到来委披見仍而憲政越国へ
必定帰候由承候殊厩橋焼候哉弥満足可有之候
仍而其地普請如形出来又水筋可然由肝要ニ候
各證人衆之事舘澤尤ニ有之候間横地ニ申合セ
彼所ニ可置之条可被存其旨御嶽ニハ人籠候歟
一段遣候昌龍寺邊ヘ打廻出候者其擬可然候然ハ
右衛門佐老母昌龍寺ヘ闕落候哉不審成
様躰候自此方不知様ニ先何方ニ成共可被置候
随而大鉄鉋弓之儀意得候委三山可申候
恐々謹言

追而高松衆別而走廻候哉祝着候進退
不續候共當秋迄「紙キレテ不得見」可堪忍候由可被申
一簾可扶持候

四月六日　乙千代御居判

用土新左衛門尉殿

「一用土新左衛門尉トハ花曽根山藤田城主
藤田《ヤ》ノ野太郎ノ長子也」

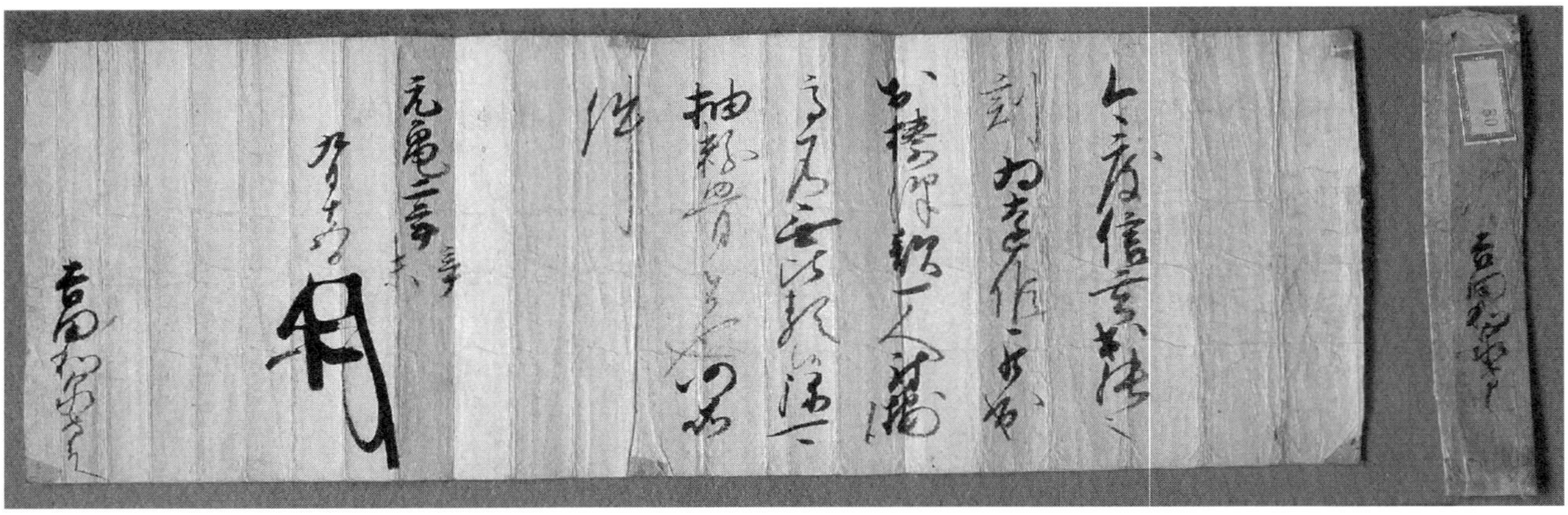

縦 15cm、横 44.0cm

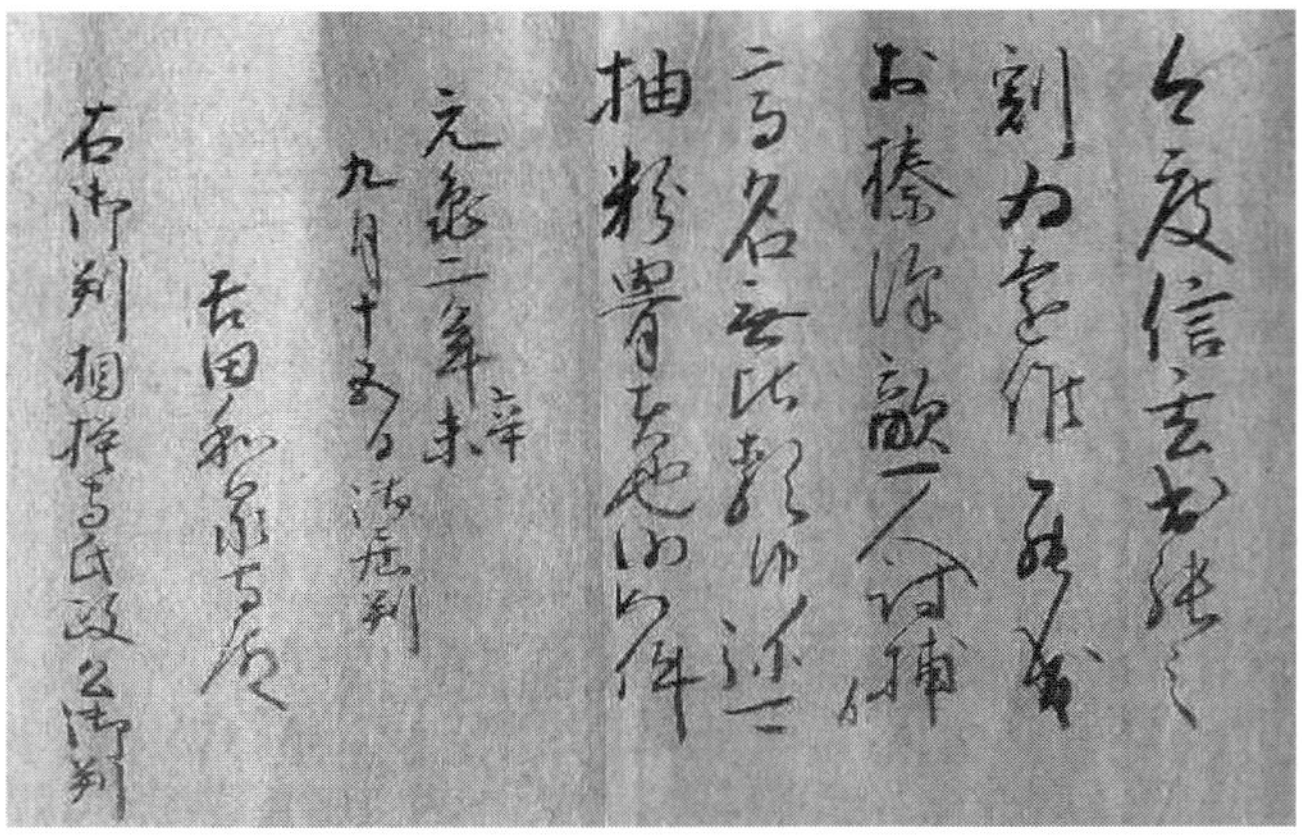

（『吉田系図』）

吉田家文書2　**北条氏政感状**　（元亀二年）6―六九五

（封書上書）

吉田和泉守殿

今度信玄出張之
刻為遠候罷出
於榛澤敵一人討捕候
高名無比類候弥可
抽粉骨者也仍如
件

元亀二年辛未
九月十五日(氏政花押)

吉田和泉守殿

（『吉田系図』写）

今度信玄出張之
刻為遠候罷出
於榛澤敵一人討捕候
高名無比類候弥可
抽粉骨者也仍如件

元亀二年辛未
九月十五日(御居判)
吉田和泉守殿

「右御判相模守氏政公御判」

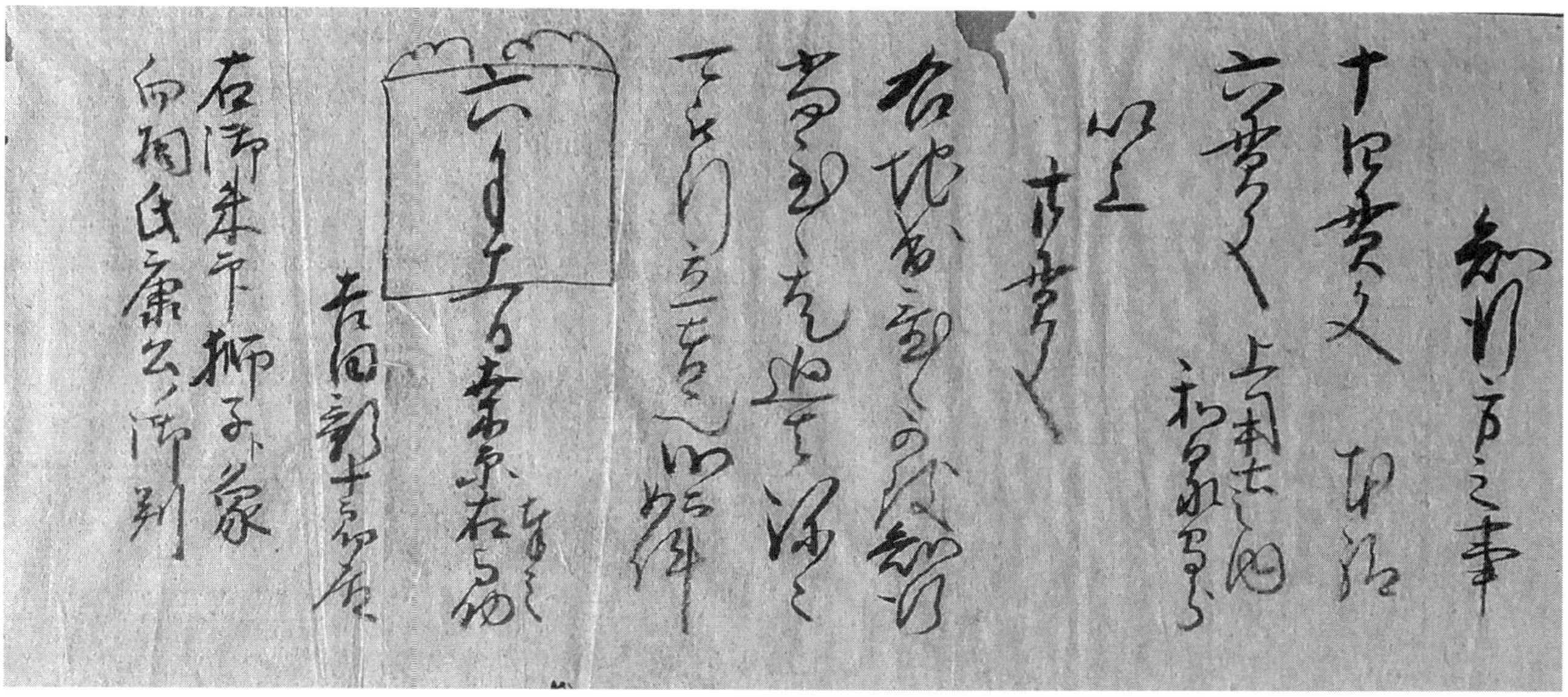

吉田家文書3　**北条氏邦朱印状（写）**（天正元年以前）6—一〇二三

知行方事

十四貫文　本給

六貫文　上用土之内
和泉守分

以上

廿貫文

右地出置候可致知行

尚至于走廻者弥ゝ

可被引立者也仍而如件

六月十一日　桑原右馬助 奉之

吉田新十郎殿

「右御朱印獅子ト象
向相氏康公ノ御判」

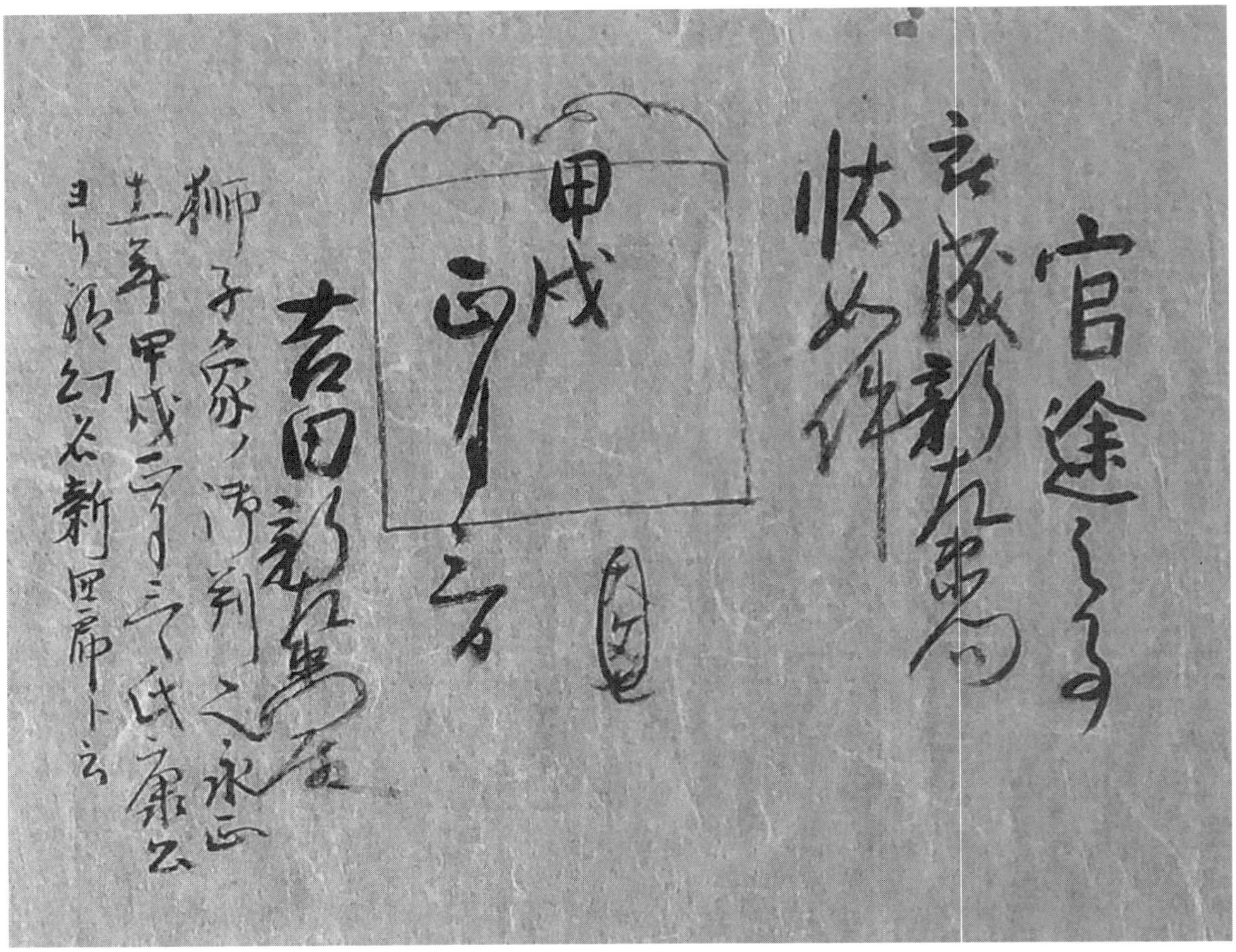

吉田家文書4　**北条氏邦朱印状（写）**（天正二年）6－七八八

官途之事

被成新左衛門尉

状如件

甲戌
正月三日　「（天文七）」

吉田新左衛門殿

「獅子象ノ御判也永正
十一年甲戌正月三日氏康公
ヨリ給幼名新四郎ト云」

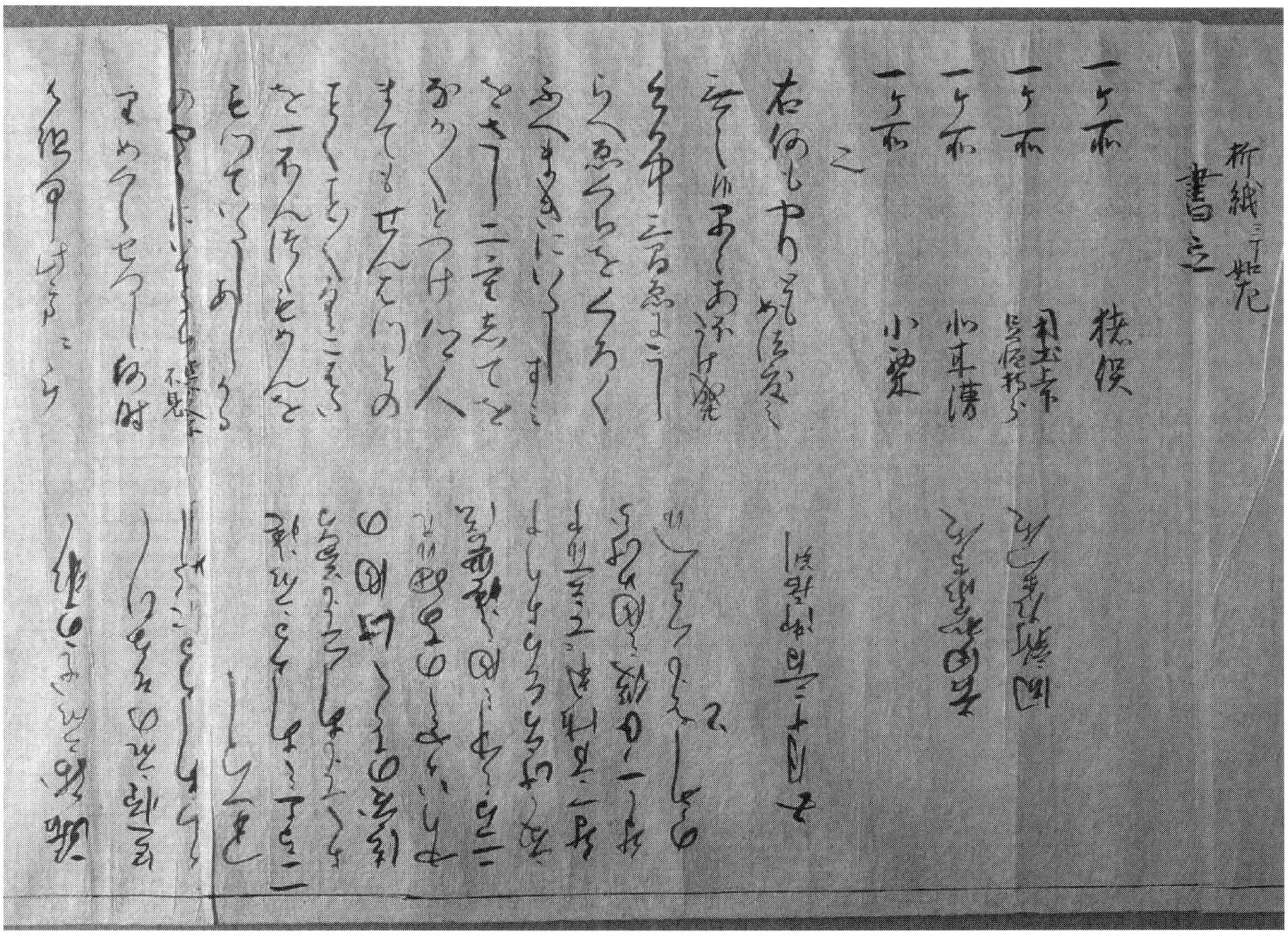

（『吉田系図』

吉田家文書5　**北条氏邦判物（写）**　（天正二年カ）　6－一七〇一

「折紙ニテ如左」

書立

一ケ所　猪俣
一ケ所　用土上下 足軽持分
一ケ所　北甘漕（糟）
一ケ所　小栗

以上

右何もやりとも如法度之
無之候早々あほたけ成共
今日中三間ゑにこし
らへゑくちをくろろく
ふへまきにいたしすミ
をさし二重してを
なか〳〵とつけ郷人
まてもせんはつとの
ことくこと〳〵くこはた
を一ほんつゝもめんを
もつていたしあしかる
のやうにいてたち「此処文字不見」
りめくらセへく候何時
御組中此方ニ被
踞騎衆へ者可承候
足軽衆のそなひし
かちあしかるにいたしめし
つれへく候

一馬上之あしかる衆鑓
よくてもあしくても兼日
法度のことく此内の
やりいかやうの子細候共
二間之中之内之鑓堅法
度候此旨今日より申
付一方御用ニ可立候申
付候一手役之内如此分
のふしをもくわへ候

以上

五月十三日御居判

吉田和泉守殿
同新左衛門殿

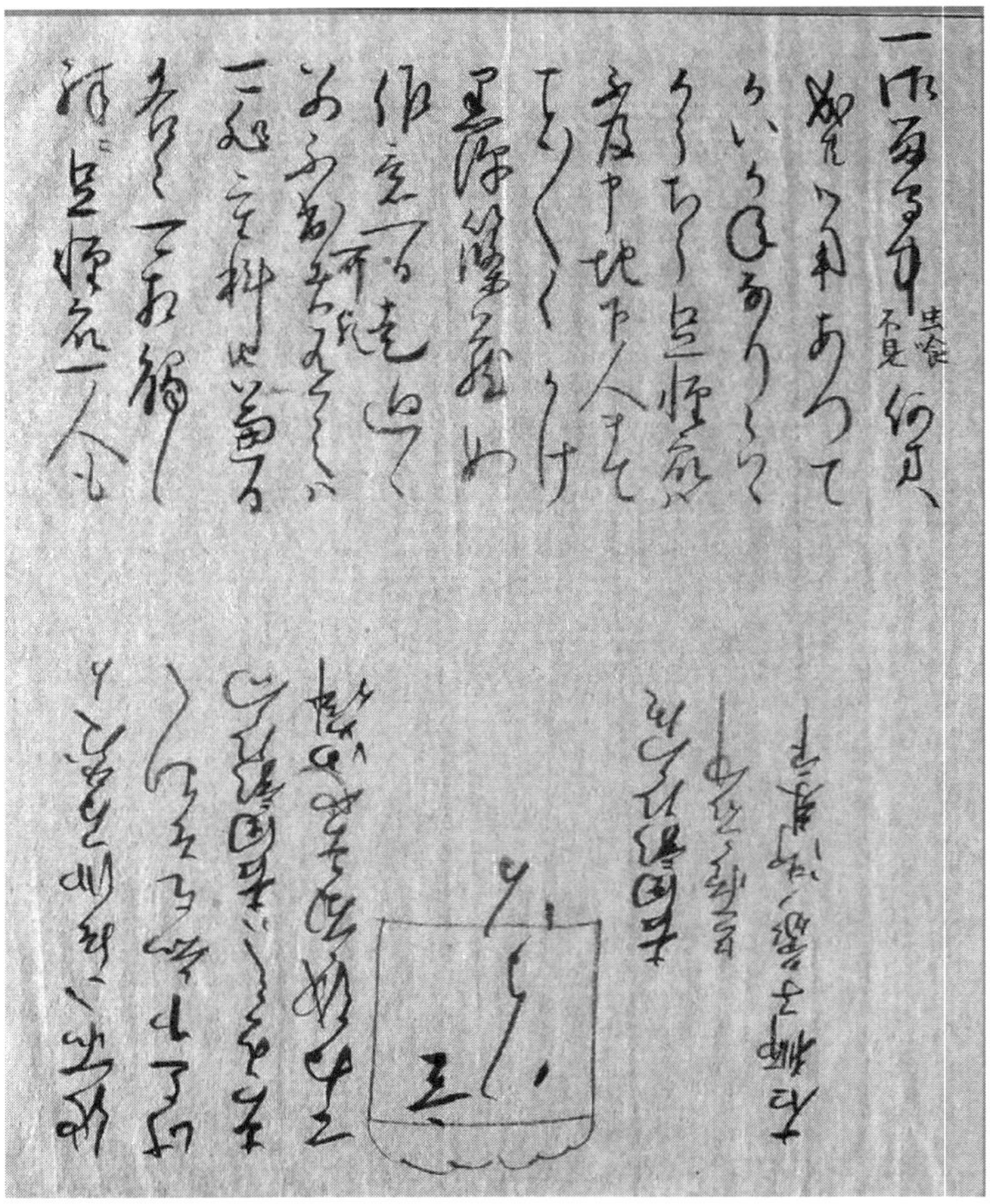

（『吉田系図』）

吉田家文書6　北条氏邦朱印状（写）（天正三年）6―一〇二三

一御留守中「虫喰不見」何方へ
成共御用あって
かいかねなり候ハ、
かうちう足軽衆ハ
不及申地下人まて
こと〳〵くかけ
黒澤篠蔵如
作意「可歟」一日走廻候
若不出者有之ハ
可処重科由兼日
各ゝ可相觸候
殊ニ足軽衆一人も
他所へ罷越間敷候
此上下知をそむく
者有之ハ吉田新左衛門尉
可為越度者也仍如件

亥
八月八日

吉田新左衛門殿
足軽衆中

「右獅子象ノ御朱印」

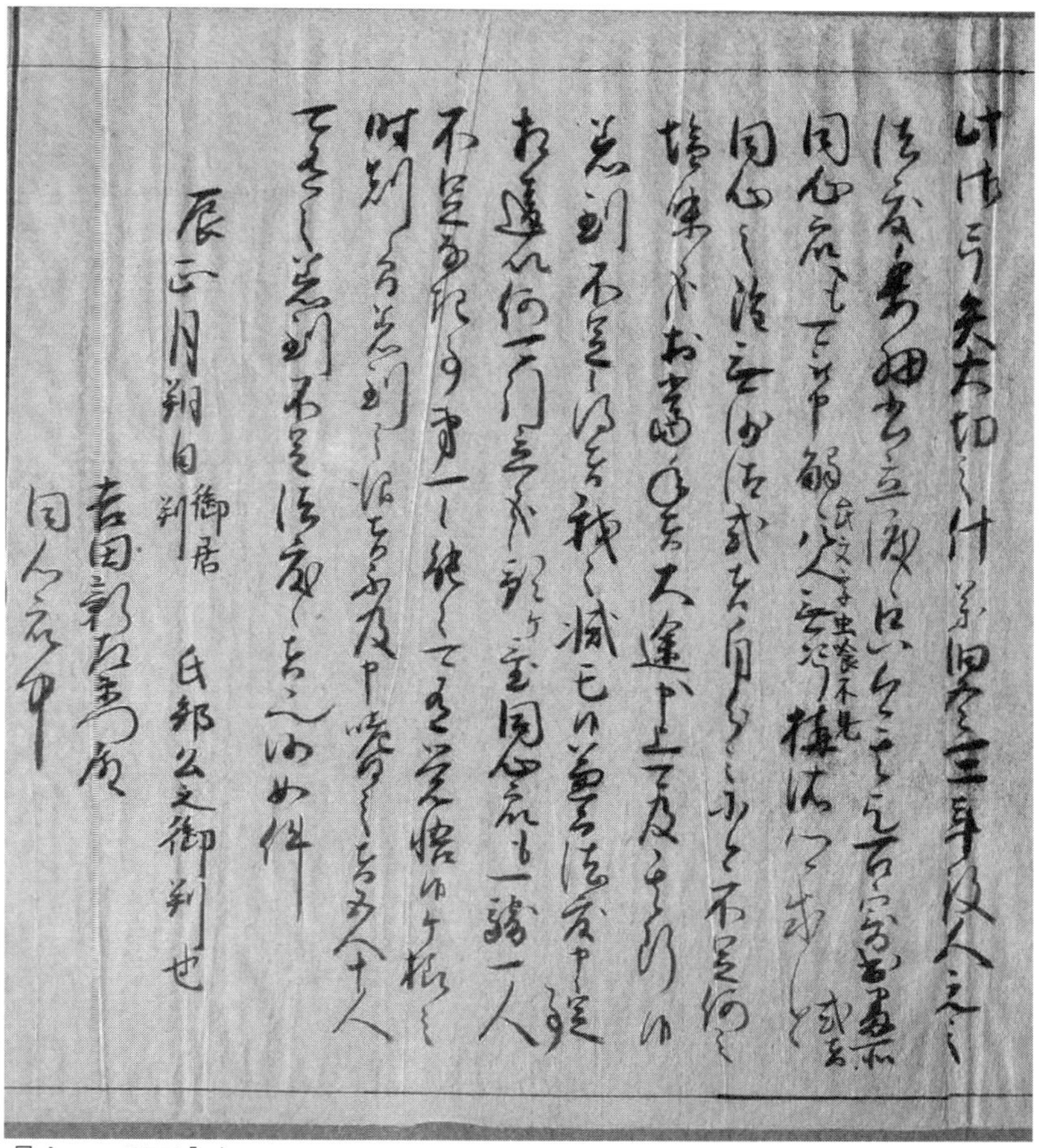

（『吉田系図』）

吉田家文書7　北条氏邦判物（写）（天正八年カ）6―一〇一二

此御弓矢大切之什義旧冬一二年役人元之
法度委細書立渡候只今其を召寄於番所或者
同心衆ヘも可被申觸候八人無□□□「此文字虫喰明不見」郷或者
同心之雖無沙汰或者自分之貫不足何之
塩味候哉於當手者大途ヘ申上可及其断候
着到不足候得者我々滅亡候兼而法度申定事
相違以何可引立候哉預ケ置同心衆も一騎一人
不足なき事第一候能々可有覚悟候ケ《か》様之
時刻候間着到之儀者不及申嗜之者五人十人
可有之着到不足法度候者也仍如件

辰正月朔日 御居判「氏邦公之御判也」

吉田新左衛門殿

同心衆中

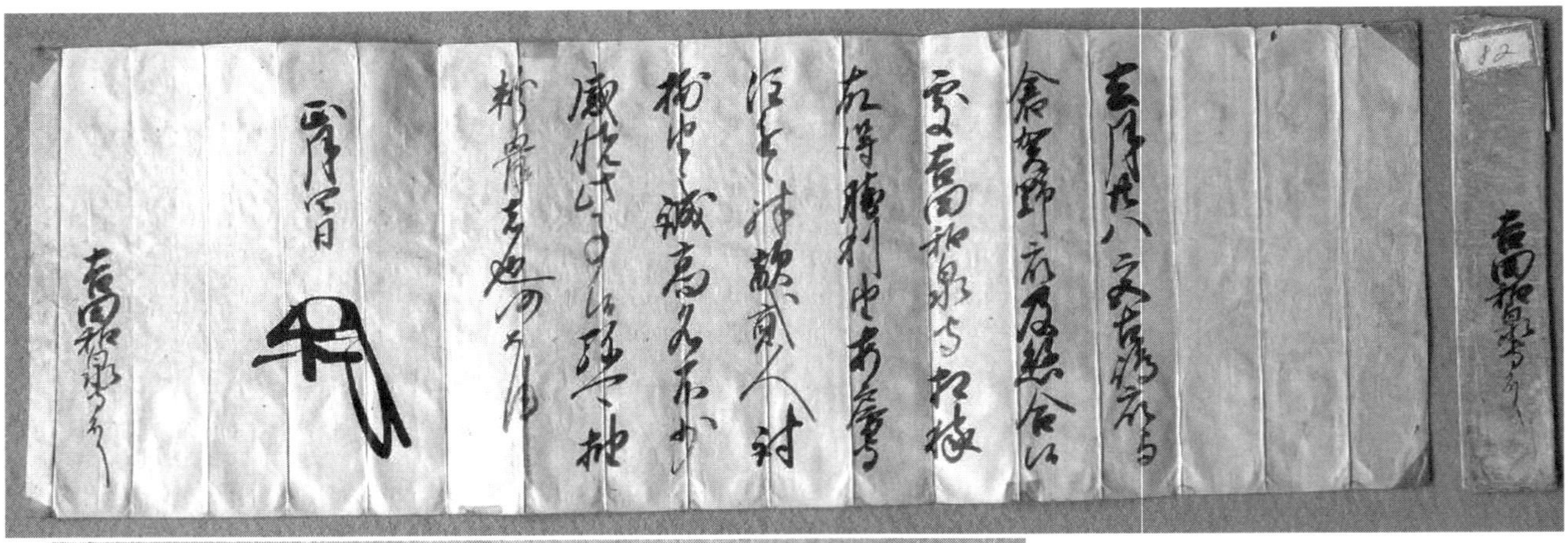

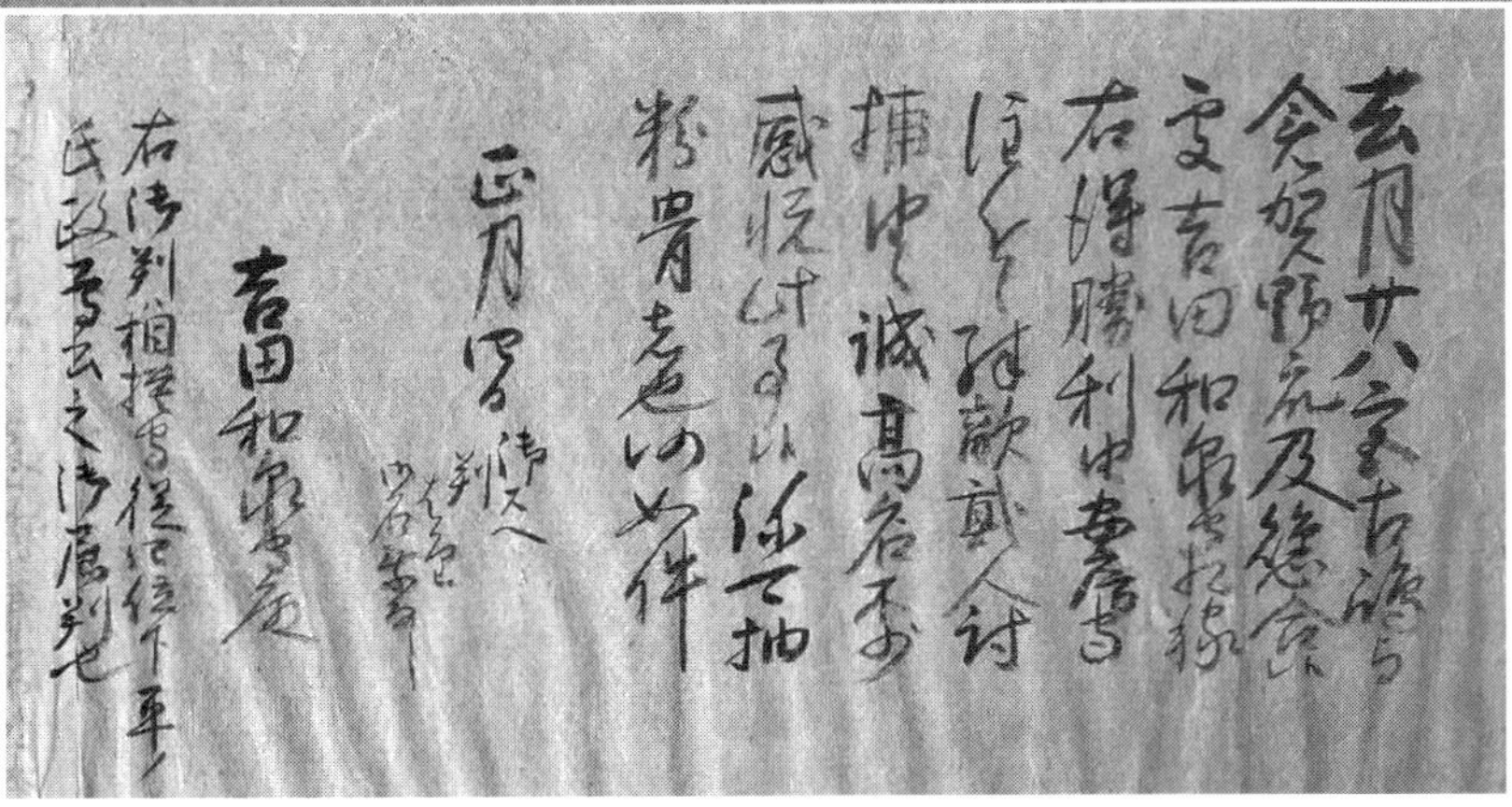

縦 17.7cm、横 51.7cm

（『吉田系図』）

吉田家文書8　**北条氏政感状**（天正八年）　6ー九七三

（封紙上書）

「吉田和泉守殿」

去月廿八宮古嶋衆与
倉賀野衆及懸合候
処吉田和泉守相稼
右得勝利由安房守
注進候殊敵弐人討
捕由候誠高名不少
感悦此事候弥可抽
粉骨者也仍如件

正月四日（花押）

吉田和泉守殿

（『吉田系図』写）

去月廿八宮古嶋与
倉賀野衆及懸合候
処吉田和泉守相稼
右得勝利由安房守
注進候殊敵弐人討
捕由候誠高名不少
感悦此事候弥可抽
粉骨者也仍如件

正月四日御スエ判 はかり御名前なし

吉田和泉守殿

「右御判ハ相模守従四位下平ノ
氏政尊公之御居判也」

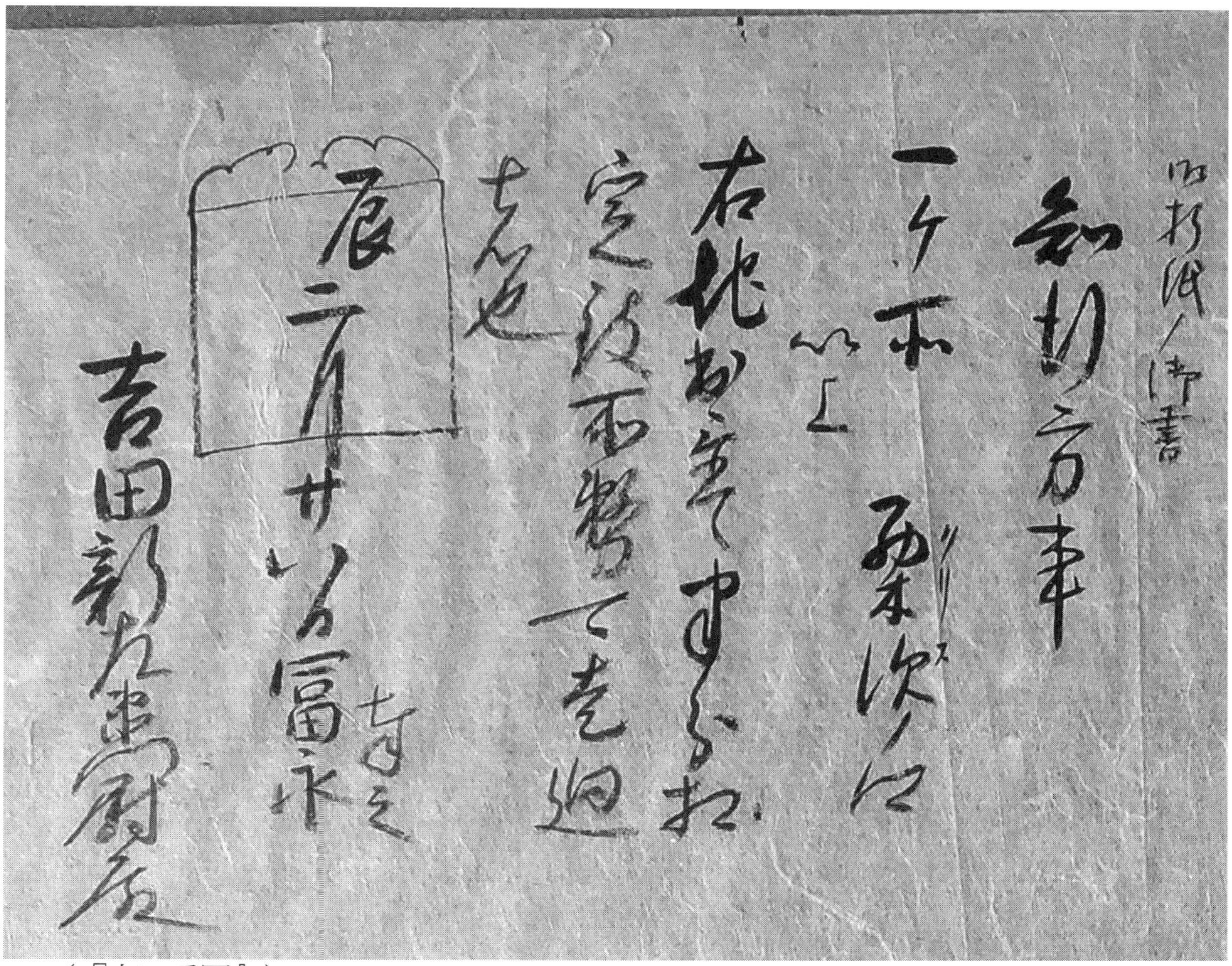

（『吉田系図』）

吉田家文書9　**北条氏邦朱印状（写）**（天正八年）6―一〇二一

「御折紙ノ御書」

知行方事

一ヶ所　栗次《クリス》（須）ノ郷

以上

右地出置候半分相

定致所務可走廻

者也

辰

二月廿八日　冨永 奉之

吉田新左衛門尉殿

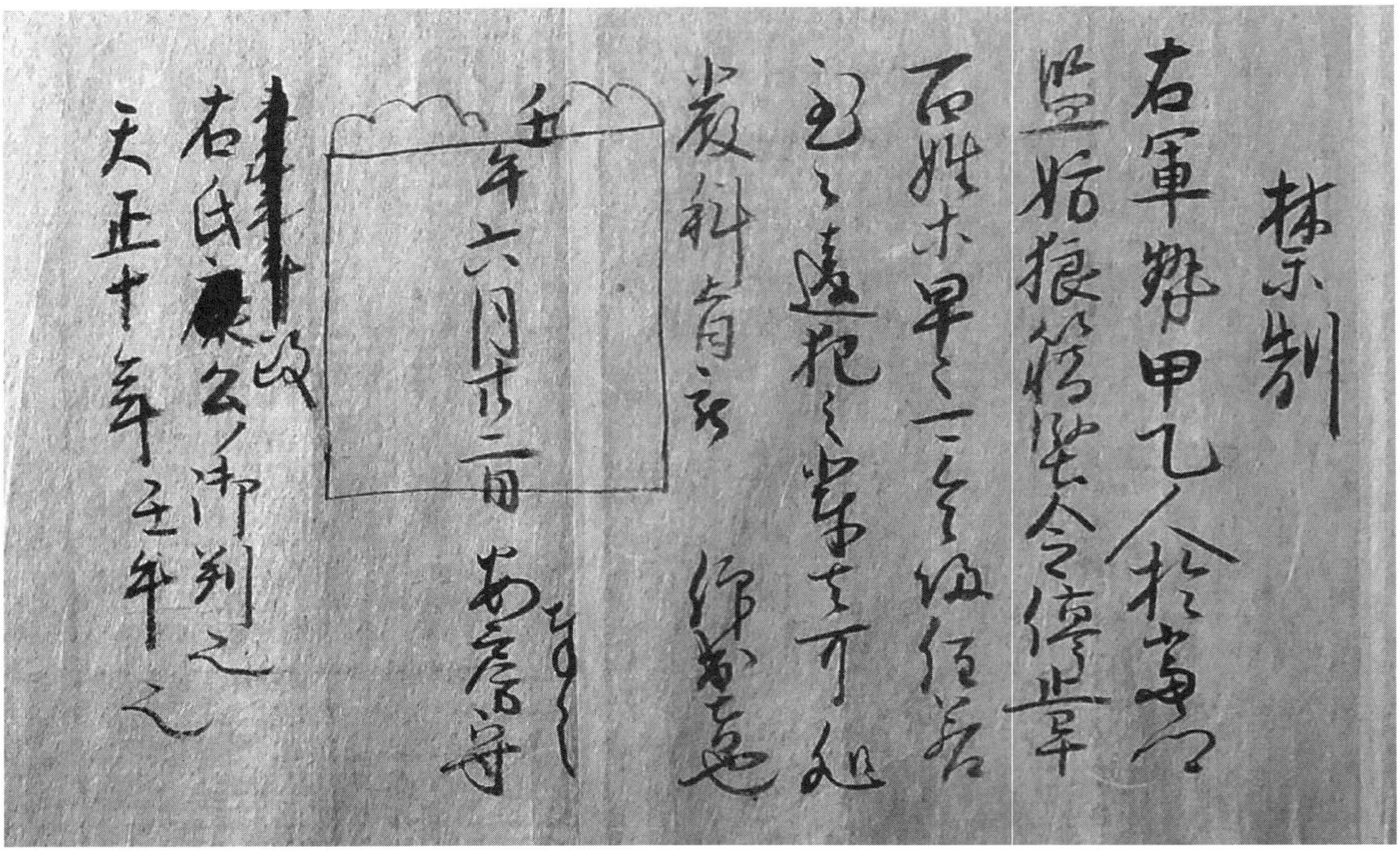

（『吉田系図』）

吉田家文書10　**北条家禁制（写）**（天正十年）6―一一三七

禁制

右軍勢甲乙人於當郷
監妨狼籍堅令停止畢
百姓等早ゝ可令帰住若
至于違犯之輩者可処
厳科旨被　仰出者也

壬
午六月廿二日安房守奉之

「右氏~~康~~政公ノ御判也
天正十年壬午也」

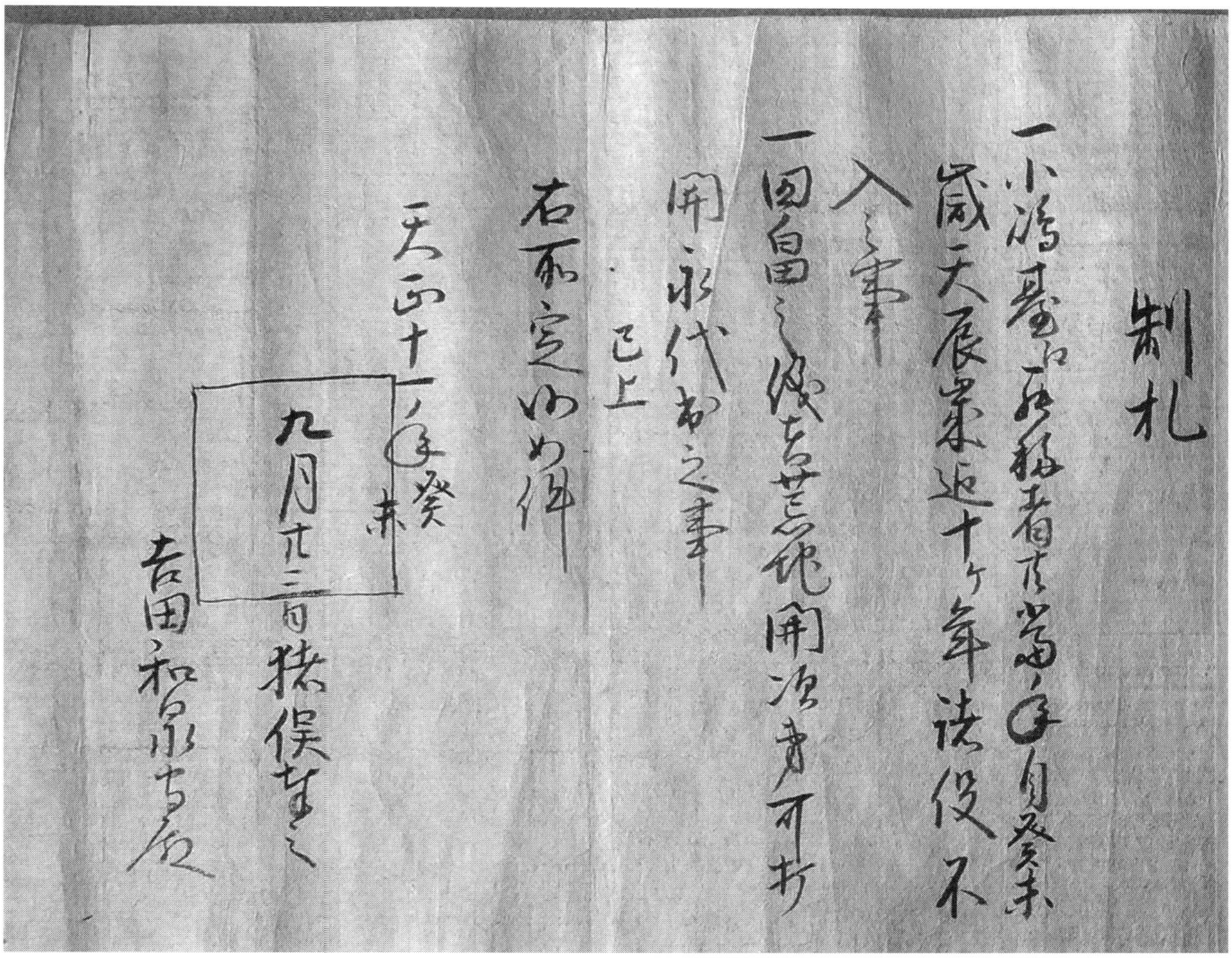

（『吉田系図』）

吉田家文書11　**北条氏邦朱印状（写）**（天正十一年）6－一二三五

制札

一小嶋臺江罷移者共當年自癸未

歳天辰歳迨十ヶ年諸役不

入之事

一田畠之儀者荒地開次朩可打

開永代出之事

已上

右所定仍如件

天正十一年癸未

九月廿三日猪俣奉之

吉田和泉守殿

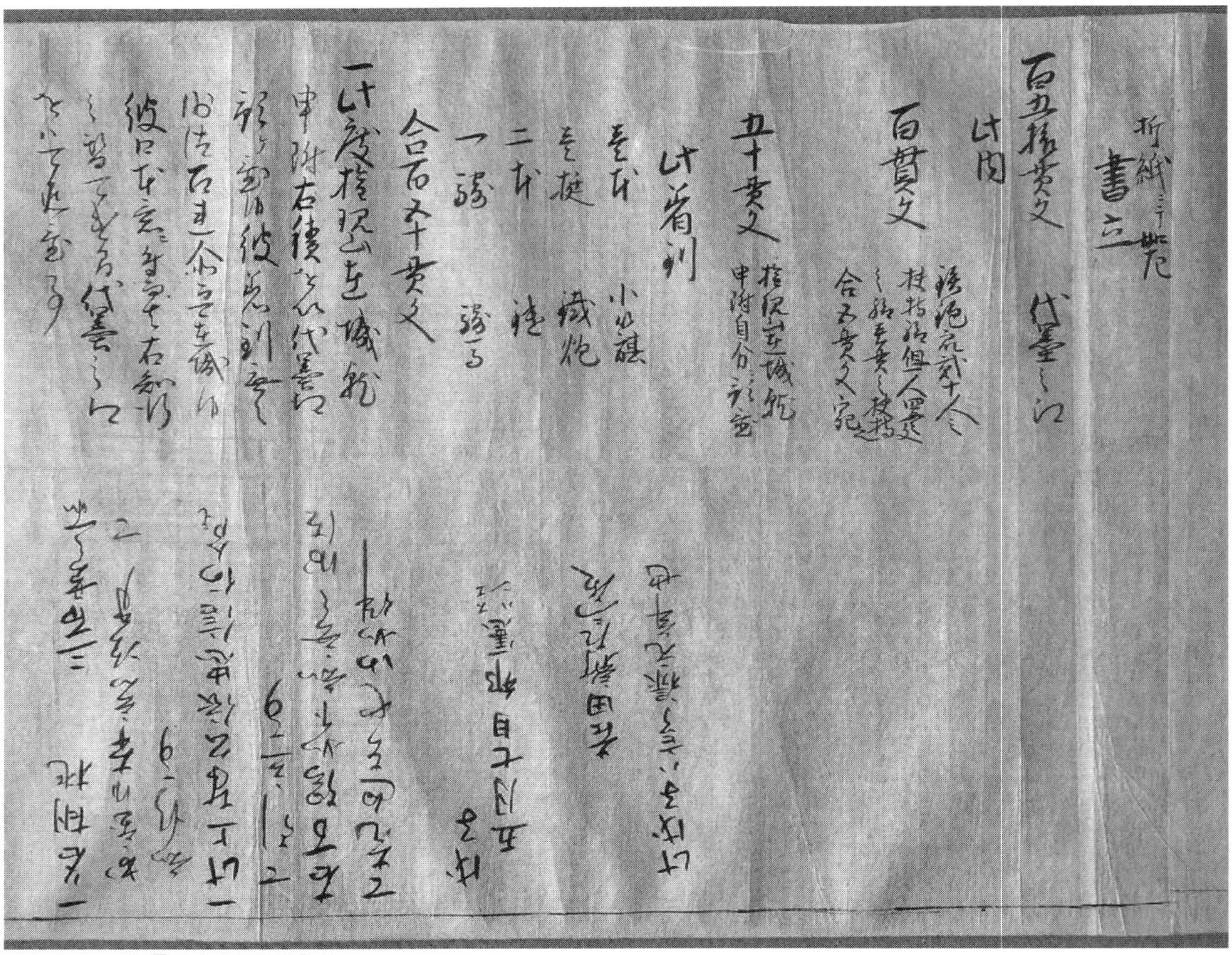

（『吉田系図』）

吉田家文書12　猪俣邦憲判物（写）（天正十六年）６－一四三一

「折紙ニテ如左」
書立
百五拾貫文　黛之郷
此内
百貫文　鉄鉋衆弐十人之扶持給但一人四貫文之給壱貫之扶持也
合五貫文宛
五十貫文　権現山在城就申附自分ニ預置
此着到
壱本　小簱
壱挺　鐵炮
二本　鑓
一騎　騎馬
合百五十貫文
一此度権現山在城就申附右積を以黛郷預ケ置候彼着到無ゝ沙汰召連に而可在城候彼口本意ニ付而者右知行之替可遣間黛之郷をハ可返置事

一名胡桃　三百貫之所出置候本意次ㇵ可知行事
一此上奉公依忠信何分ニも可引立事
右万端如下知無ゝ沙汰可走廻者也仍如件
戊子
五月七日　邦憲スヘハン
吉田新左衛門殿

「此戊子ハ享禄元年也」

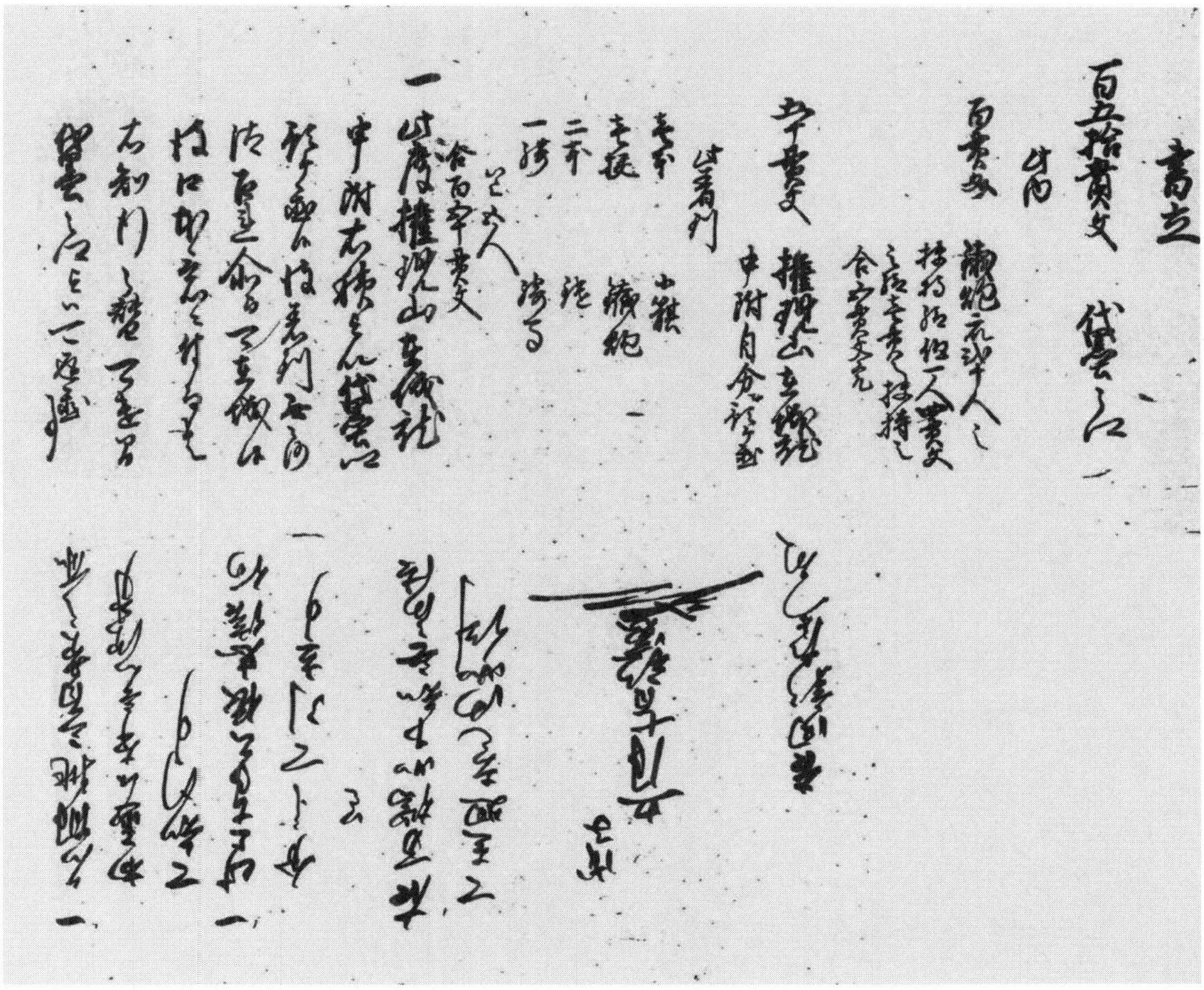

『諸州古文書』十二武州より転載

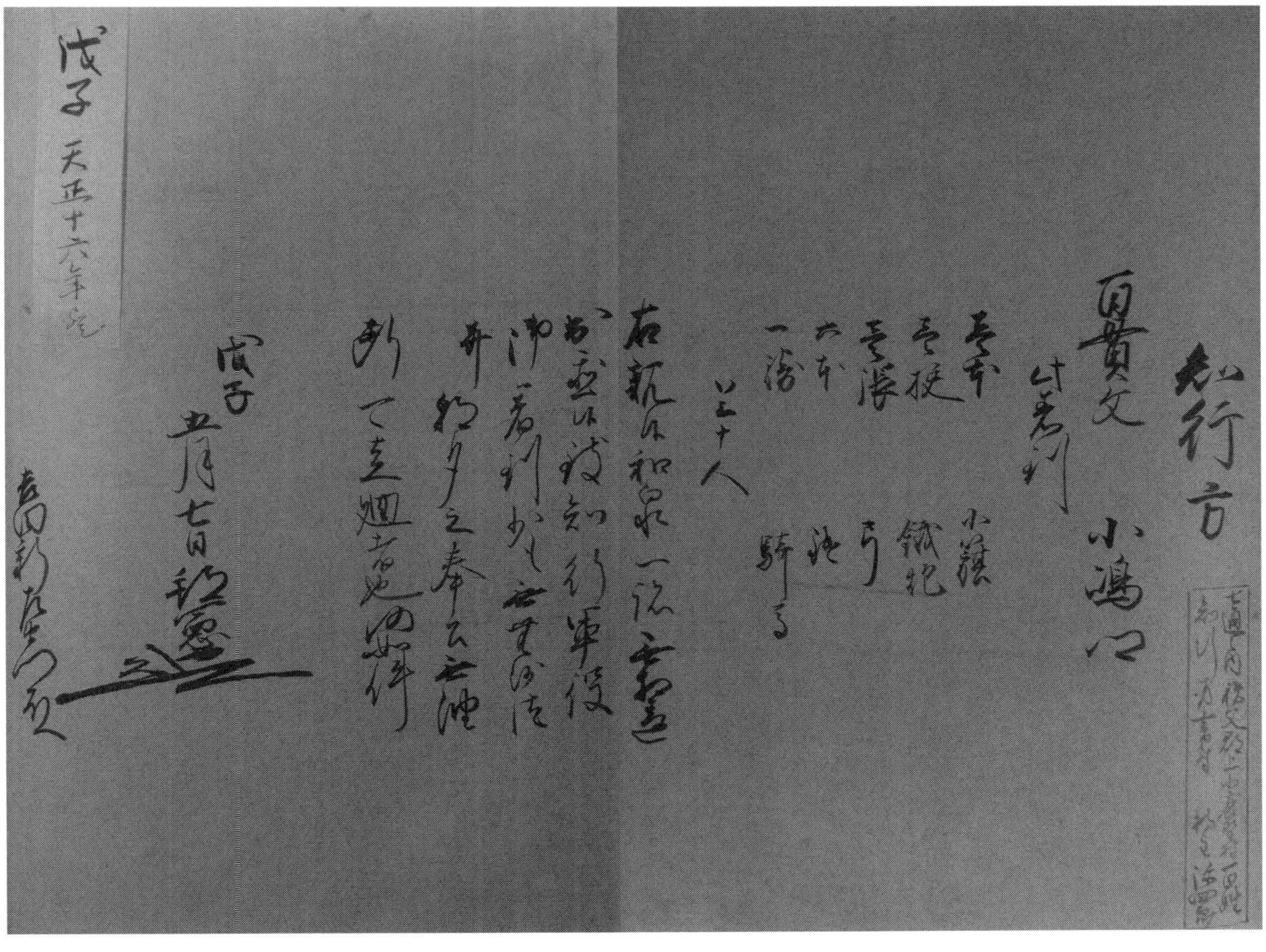

『諸州古文書』十二武州より転載
（註）猪俣邦憲の花押が明瞭に写されている。

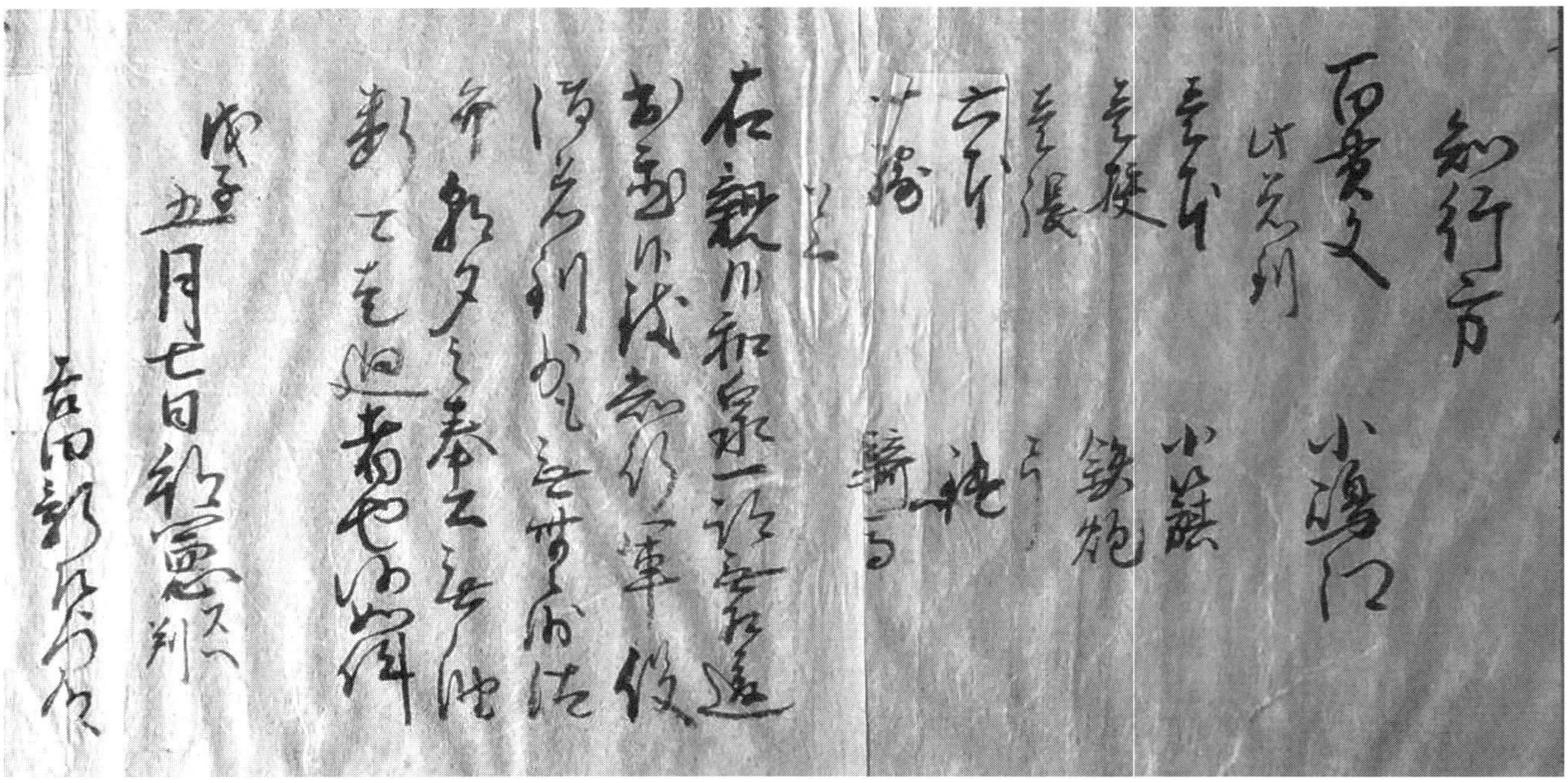

（『吉田系図』）

吉田家文書13　**猪俣邦憲判物（写）**（天正十六年）6－一四三二

知行方

百貫文　小嶋郷

此着到

壱本　小簱

壱挺　鉄炮

壱張　弓

六本　鑓

一騎　騎馬

以上

右親候和泉一跡無相違
出置候致知行軍役
御着到少も無無沙汰
弁朝夕之奉公無油
断可走廻者也仍如件

戊子
五月七日邦憲スヘ判

吉田新左衛門殿

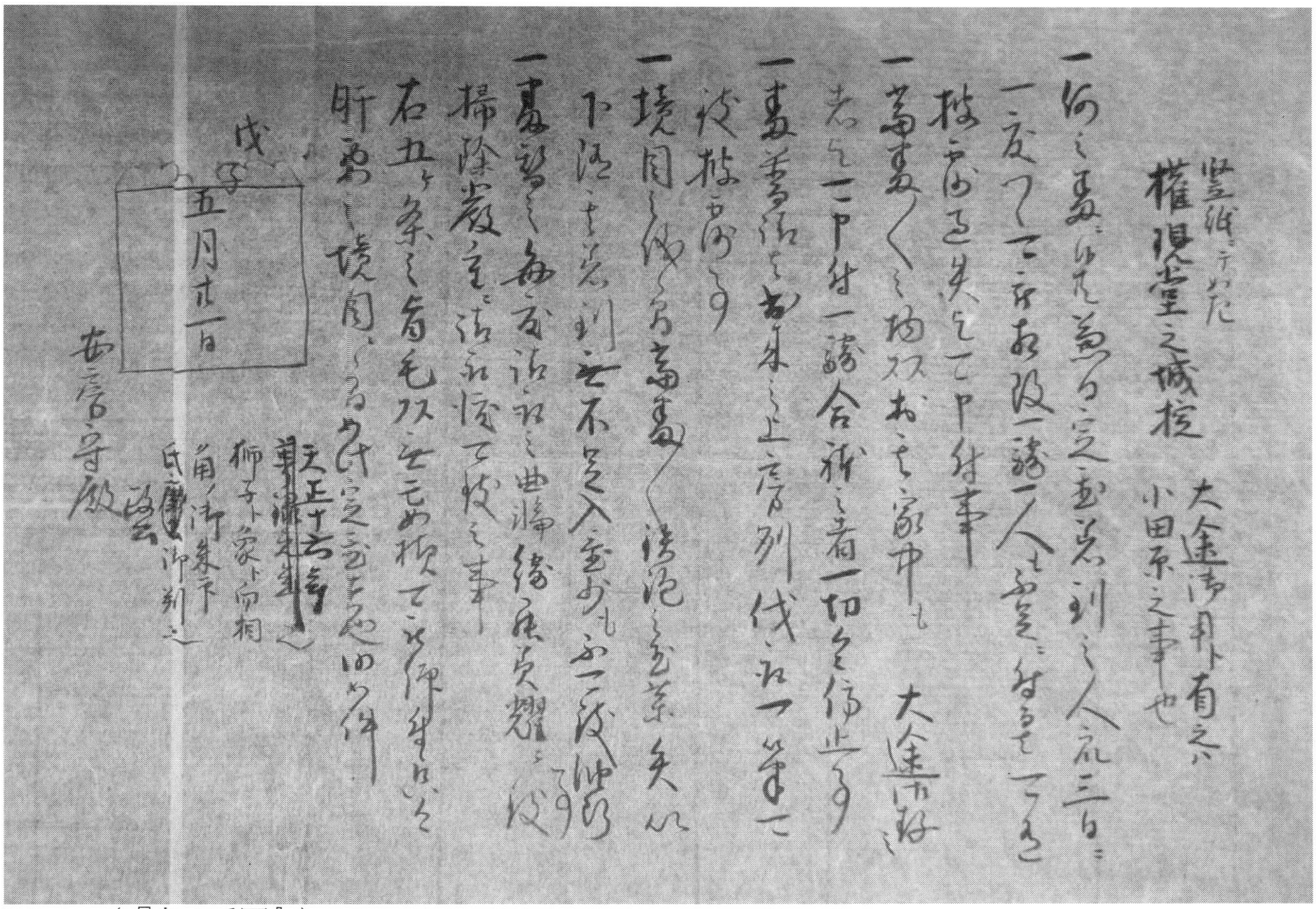

（『吉田系図』）

吉田家文書14　**北条家朱印状（写）**（天正十六年）6－一四三四

「御堅紙ニテ如左」　「大途御用ト有之ハ
小田原之事也」

権現堂之城掟

一何之番ニ候共兼日定置着到之人衆三日ニ
一度つゝ可被相改一騎一人も不足ニ付而者可有
披露過失を可申付事
一當番〱之物頭於其家中も大途御存之
者を可申付一騎合躰之者一切令停止事
一番普請者出来之上房州伐取一筆可
致披露事
一境目之儀候間當番〱鉄鉋之玉薬矢以
下随其着到無不足入置少も不可致油断事
一番替之毎度請取之曲輪綺羅美耀ニ致
掃除巖重ニ請取渡可致之事
右五ヶ条之旨毛頭無妄様可被仰付候只今
肝要之境目ニ候間如此定置者也仍如件

戊
子　五月廿一日

「天正十六年
享徳元年也
獅子ト象ト向相
角ノ御朱印
氏康公御判也
政公」

安房守殿

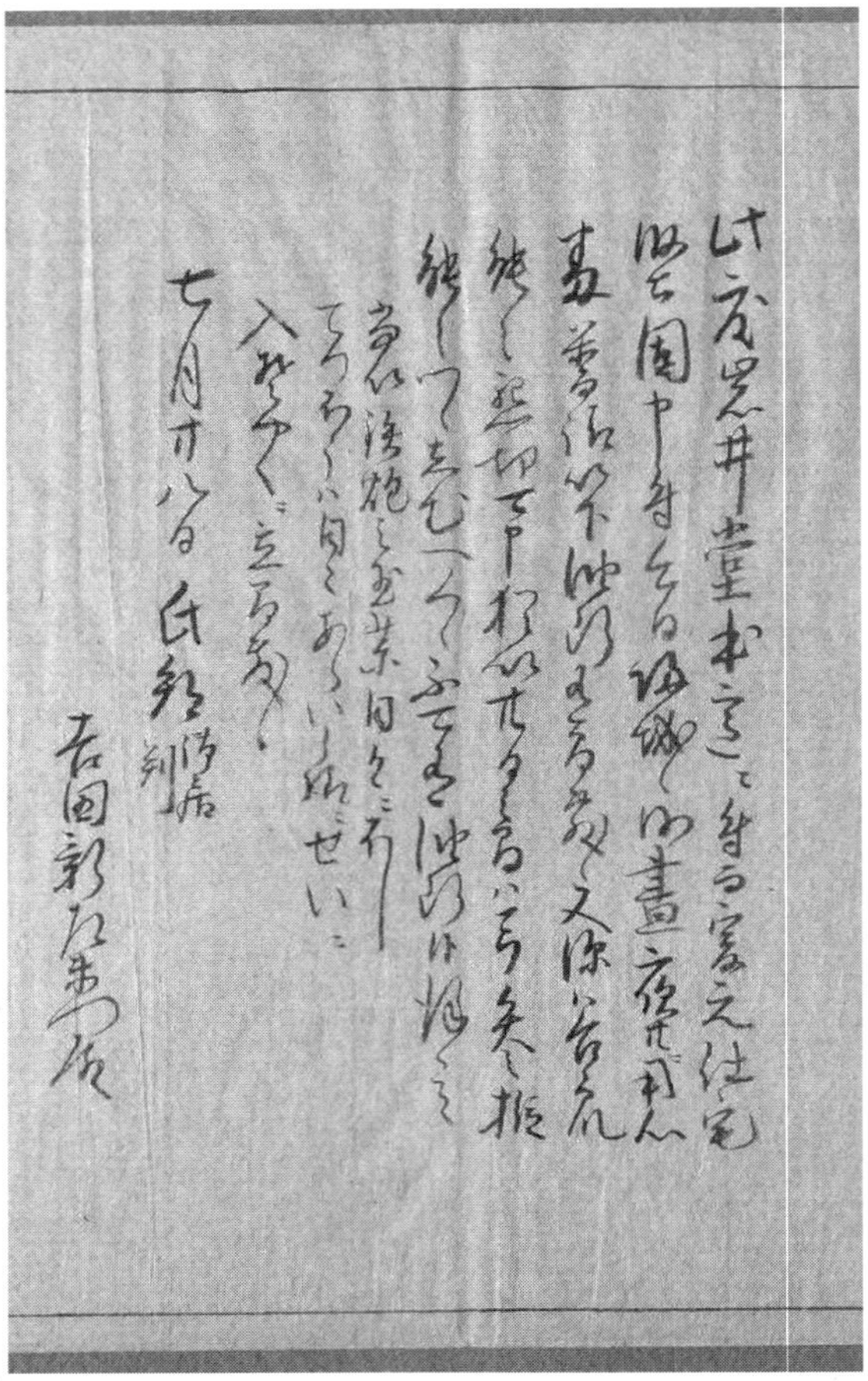

（『吉田系図』）

吉田家文書15　**北条氏邦書状（写）**　天正十六年　6―一七〇六

此度岩井堂本意ニ付而爰元仕宅（置）
堅固申付今日帰城候仍昼夜共ニ用心
番普請以下油断有間敷候又深谷衆
能々懇切可申猶以廿日之間ハ弓矢之擬
能々つゝしむへく候不可有油断候謹言

　尚以鉄炮之玉薬日々ニほし
　てつほうハ日ことあらい候様ニせいニ
　入そやくニ立間敷候

七月廿八日　氏　邦（御居判）

吉田新左衛門殿

小嶋郷知行書立（写）（天正十六年カ）6―付四七

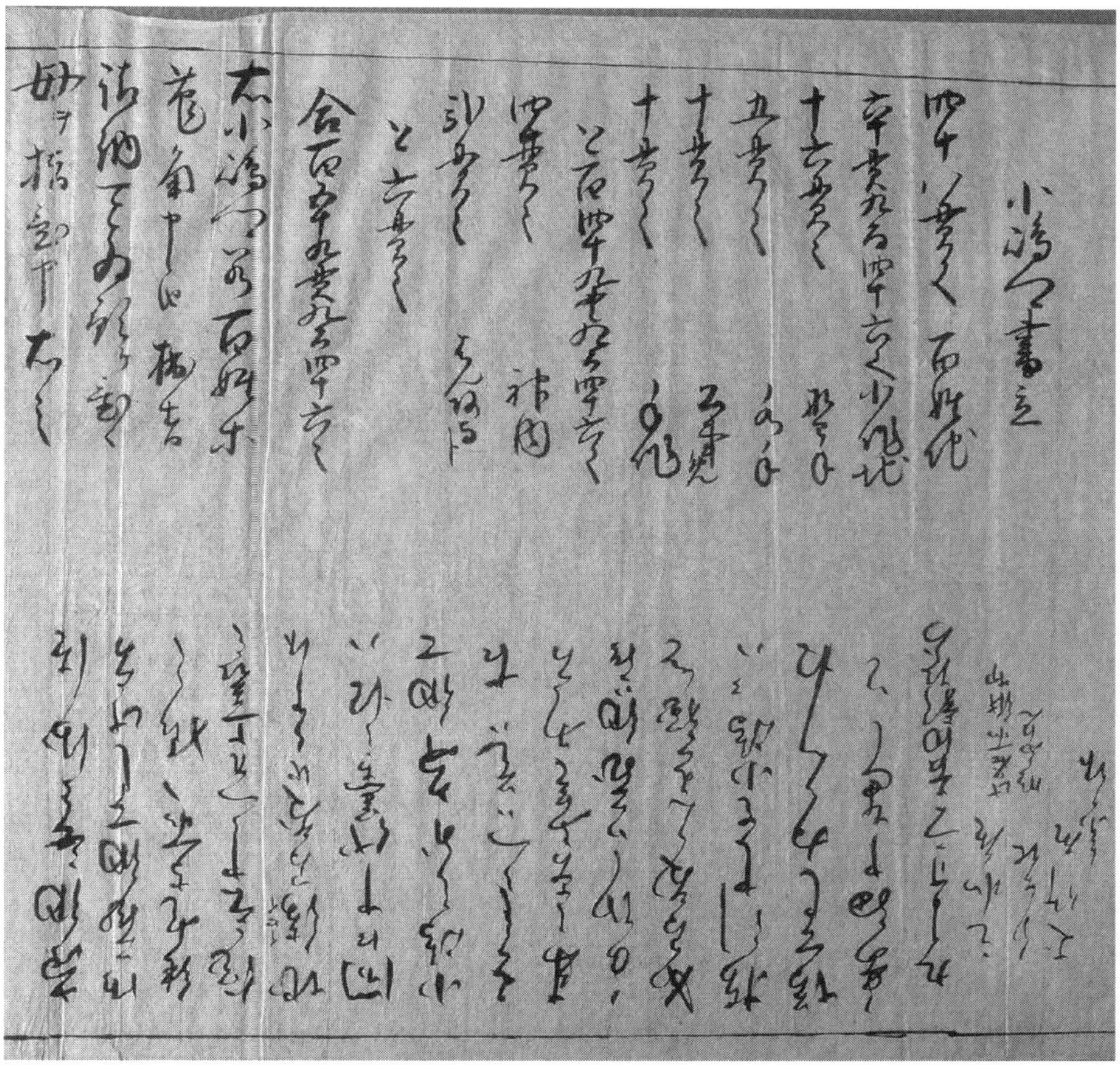

（『吉田系図』）

小嶋郷書立
四十八貫文　百姓地
六十貫九百四十六文小作地
十六貫文　野　手
五貫文　水　手
十貫文　公事免
十貫文　手　作
　以上　百四十九貫九百四十六文
四貫文　神　内
弐貫文　はん阿寺分
以上六貫文
　合　百五十九貫九百四十六文
右小嶋郷若百姓等
菟角申候由拙者
請納可被為預ケ置候
母ヲ指置申右之

當納無ゝ沙汰
御蔵納可申候此旨
能登守所へ様ゝ
侘言申候へ共上表之
地綺《イロイ》間敷由被申候
関口申黛之儀ハ
小嶋之外當納可
有之候へハ是ハ古
来之者不足に候間
年越候御蔵納ハ罷
成間敷候也有程進
指引申候は小嶋ニハ
増可申候為心得
委細申達候以上
　九月廿二日吉田新左衛門
　主水殿　「此名所紙切
　外壵　明不見」
　大竹殿
　参御報

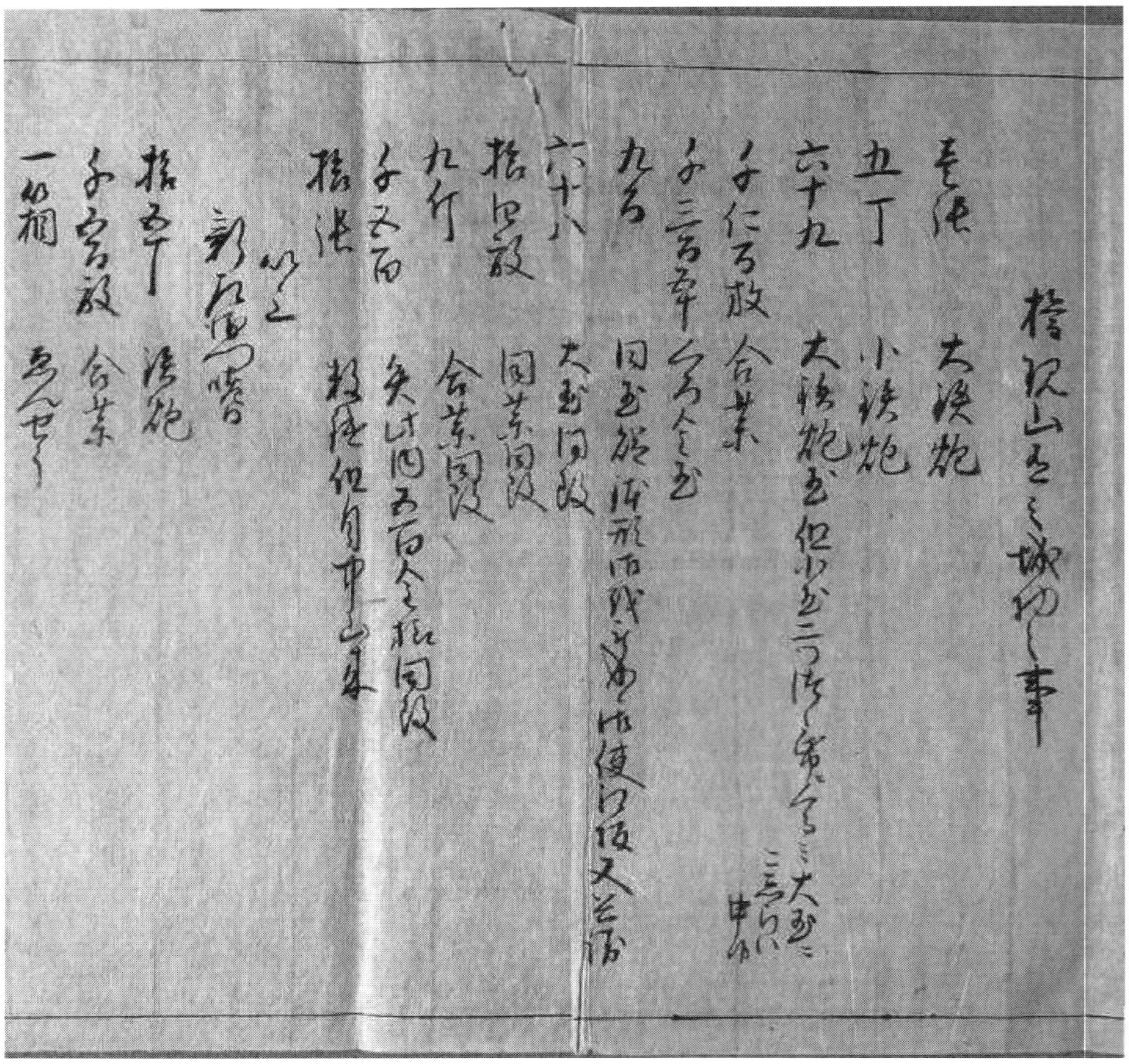

（『吉田系図』）

吉田家文書17　**権現山城物書立（写）**（天正十六年）　６―一四四八

権現山有之城物之事

壱張　　大鉄炮

五丁　　小鉄炮

六十九　大鉄炮玉但小玉二つゝ帋（紙）二くるミ大玉ニ
こしらい
申候

千仁百放　合薬

千三百五十　くろ金玉

九百　同玉従鉢形御越被成候御使江坂又兵衛

六十八　大玉同改

拾四放　同薬同改

九斤　合薬同改

千五百　矢此内五百金様同改

拾張　数鑓但自中山来

以上

新左衛門啫

拾五丁　鉄炮

千五百放　合薬

一箱　ゑんせう

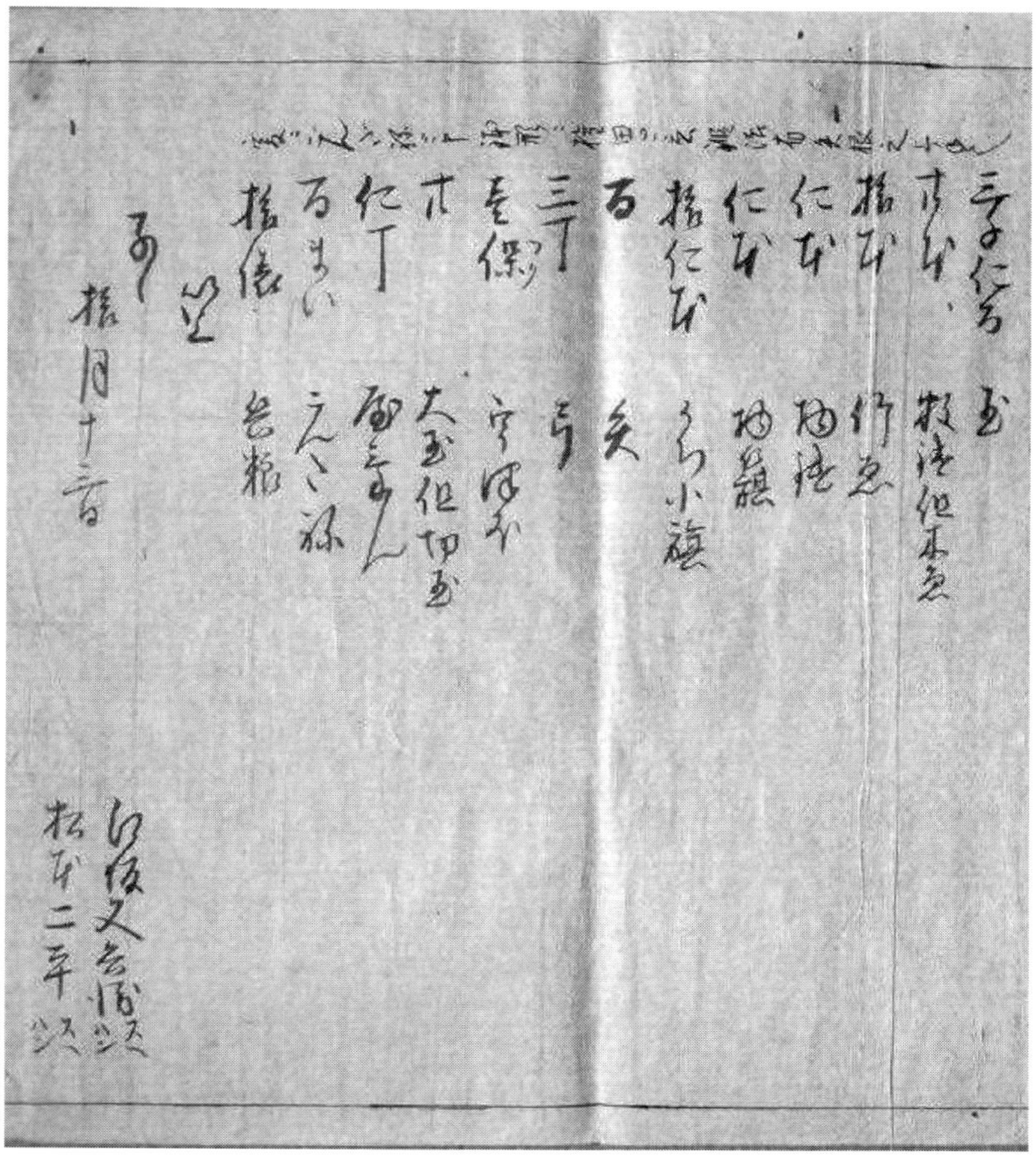

爰ニこんた祢と申鉢形ニ権田と云鍛冶有矢根之上手也

三千仁百　　玉
廿本　　数鑓但木ゑ
拾本　　竹ゑ
仁本　　物鑓
仁本　　物籏
拾仁本　　かち小旗
百　　矢
三丁　　弓
壹保《フウ》　　宇津ほ
廿　　大玉但切玉
仁丁　　屋けん
百まい　　こんた祢
拾俵　　兵粮

以上

子之
拾月十三日

江坂又兵衛 ハス ンヘ
松本二平 ハス ンヘ

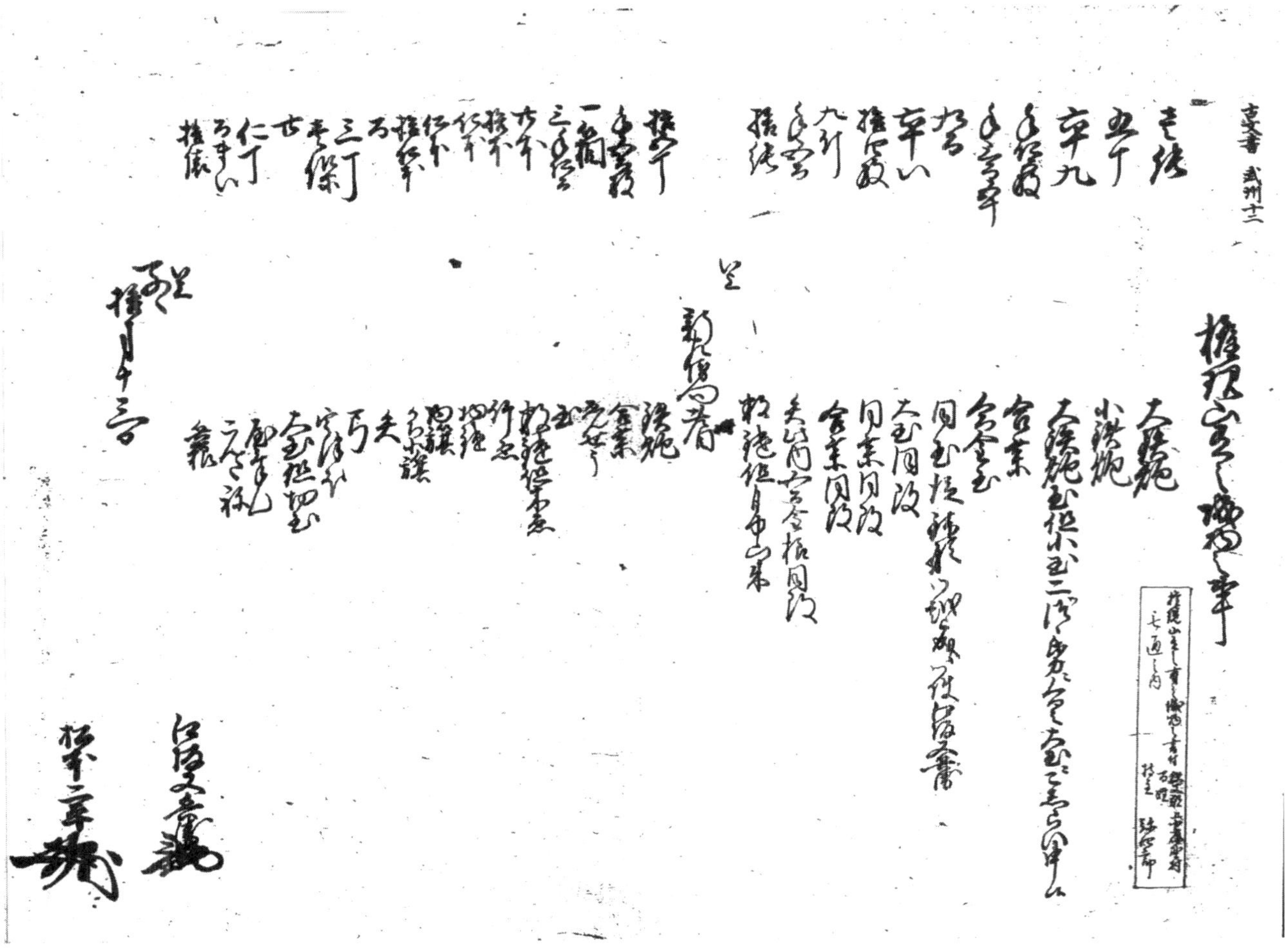

権現山有之城物之事

権現山有之城物之書付　秩父郡上小鹿野村百姓
七通之内　持主　弥四郎

壱張　大鉄炮
五丁　小鉄炮
六十九　大鉄炮玉但小玉二ツつゝ帋ニくるミ大玉ニこしらい申候
手(千)仁百放　合薬
手(千)三百五十　くろ金玉
九百　同玉従鉢形御越被成候御使江坂又兵衛
六十八　大玉同改
拾四放　同薬同改
九斤　合薬同改
手(千)五百　矢此内五百金様同改
拾張　数鑓但自中山来
以上
新左衛門尉者
拾五丁　鉄炮
手(千)五百放　合薬
一箱　ゑんせう
三手(千)仁百　玉
廿本　数鑓但木ゑ、
拾本　竹ゑ
仁本　物鑓
仁本　物旗
拾仁本　かち小旗
百　矢
三丁　弓
壹保　宇津ほ
廿　大玉但切玉
仁丁　屋けん
百まい　こんた祢
拾俵　兵粮
以上
子之　拾月十三日　江坂又兵衛(花押)
松本二平(花押)

吉田家文書18　権現山有之城物之事（写）（天正十六年頃カ）

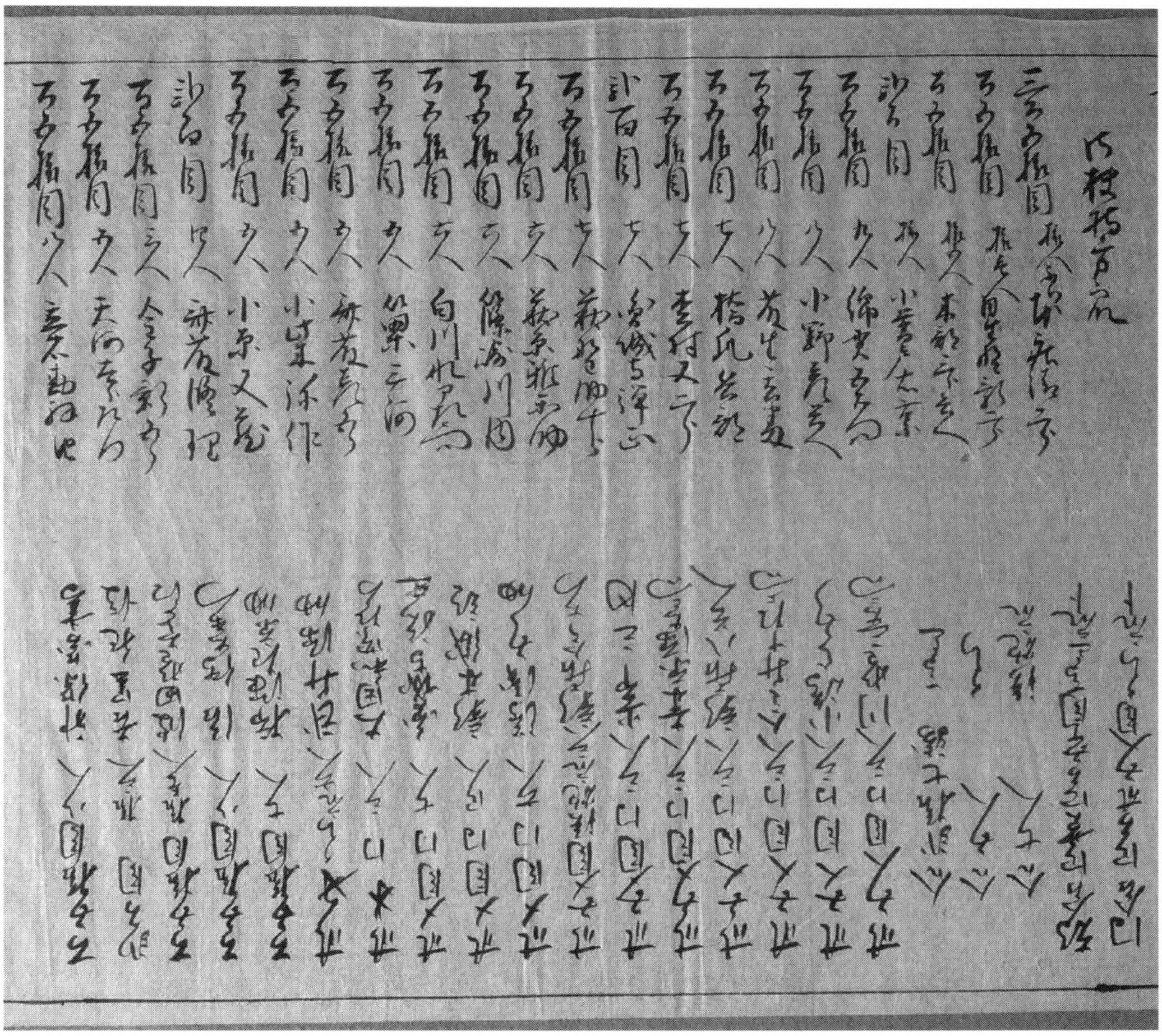

（『吉田系図』）

御扶持方衆
三百五拾目　拾人かち　本庄清二郎
百五拾目　拾壱人　星野新二郎
百五拾目　拾五人　木部二郎兵へ
弐百目　拾人　小暮戸右京
百五拾目　九人　綿貫五左衛門尉
百五拾目　八人　小野彦兵へ
百五拾目　八人　藤生玄番
百五拾目　七人　橋爪兵部
百五拾目　七人　杢村又二郎
弐百目　七人　圓城寺弾正
百五拾目　七人　萩野助十郎
百五拾目　六人　萩原雅楽助
百五拾目　六人　篠崎川内
百五拾目　六人　白川刑部左衛門尉
百五拾目　五人　簗　三河
百五拾目　五人　齋藤彦五郎
百五拾目　五人　小柴弥作
百五拾目　五人　小原又蔵
弐百目　四人　齋藤修理
百五拾目　三人　金子新五郎
百五拾目　五人　天河大郎左衛門
百五拾目　八人　立石勘解由

百五拾目　八人　神保圖書
弐百目　拾二人　吉里肥後
百五拾目　拾壱人　波田野遠江
百五拾目　八人　渋傳右衛門
百五拾目　七人　柿澤左京助
卅匁　かち衆六人　武井源助
卅メ　同　三人　大田和四郎左衛門
卅メ目　同　七人　圓城寺孫三
卅メ目　同　四人　新木織部
卅メ目　同　六人　湯浅五郎助
卅五メ目鉄炮衆三人　新居今右衛門
卅五メ目　同　三人　常　三内
卅五メ目　同　三人　桑原源右衛門尉
卅五メ目　同　三人　新居八兵へ
卅五メ目　同　三人　金井十左衛門尉
卅五メ目　同　三人　小嶋与五郎
卅五メ目　同　三人　川野三右衛門尉
合弐拾七騎　馬上
合　五人　かち
合　七人　鉄炮衆
都合四貫四百五拾目　馬上衆分
同合四百卅五メ目　かち衆分

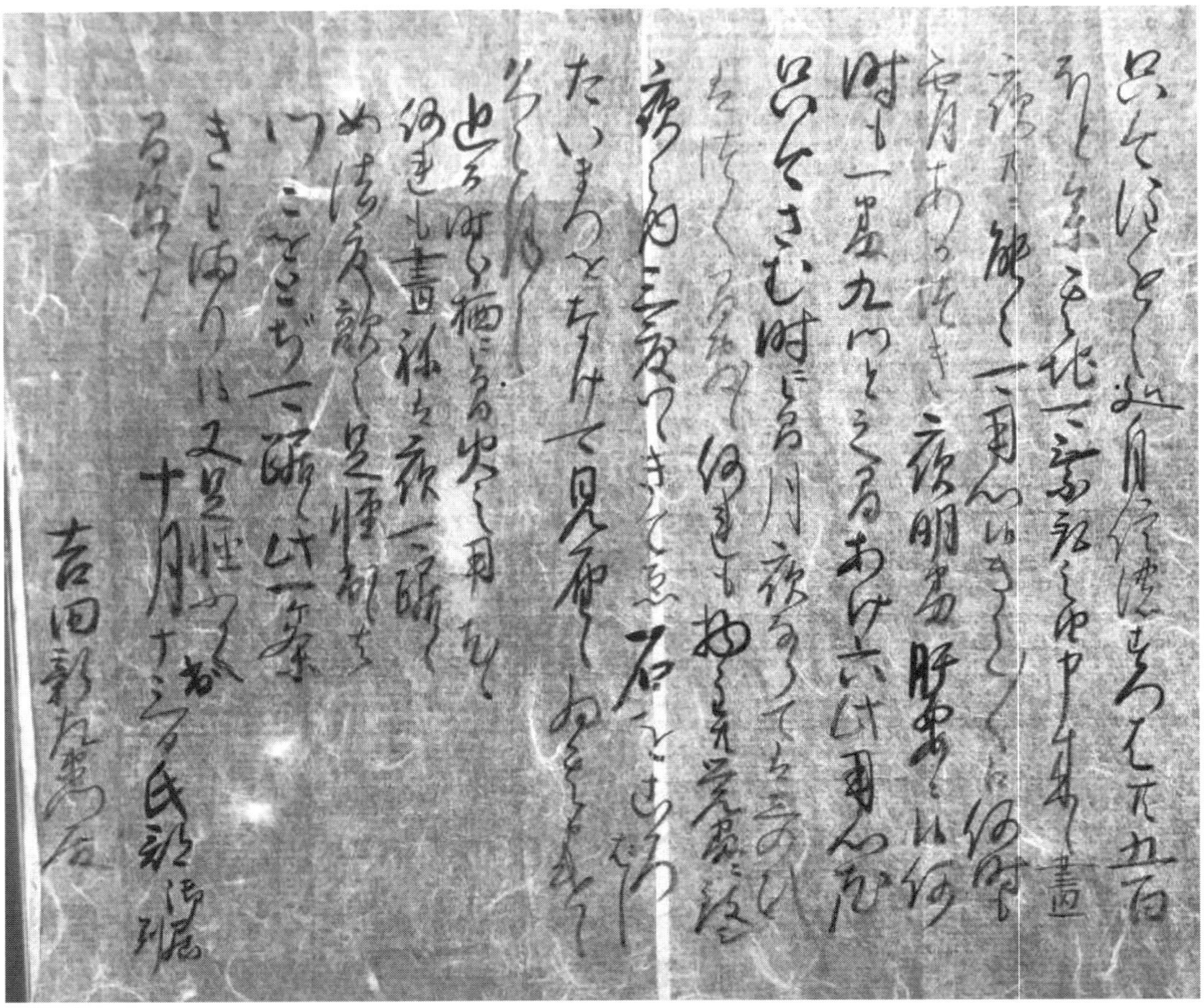

（『吉田系図』）

吉田家文書19　**北条氏邦書状（写）**（天正十六年）　6－一一七〇

只今注進之処自信濃すつは共五百
ほと参其地可乗取之由申来候晝
夜共ニ能々可用心候きと〱江何時も
宵ぁかつき夜明番肝要ニ候何
時も一番九ツと之間あけ六此用心尤ニ候
只今さむ時ニ候間月夜ならてはしのひ
はつく間敷候何れも物主共覚番ニ致シ
夜之内三度つゝきてゐ石をころばし
たいまつをなけ可見届候爲其申遣候
恐ゝ謹言

追而時分柄ニ候間火之用尤候
何れも晝ねは夜可踞候
如法度敵之足軽出候者
門こをとぢ可踞候此一ヶ条
きわまり候又足軽ふかく出
間敷候以上　十月十三日氏邦（御判居）

吉田新左衛門殿

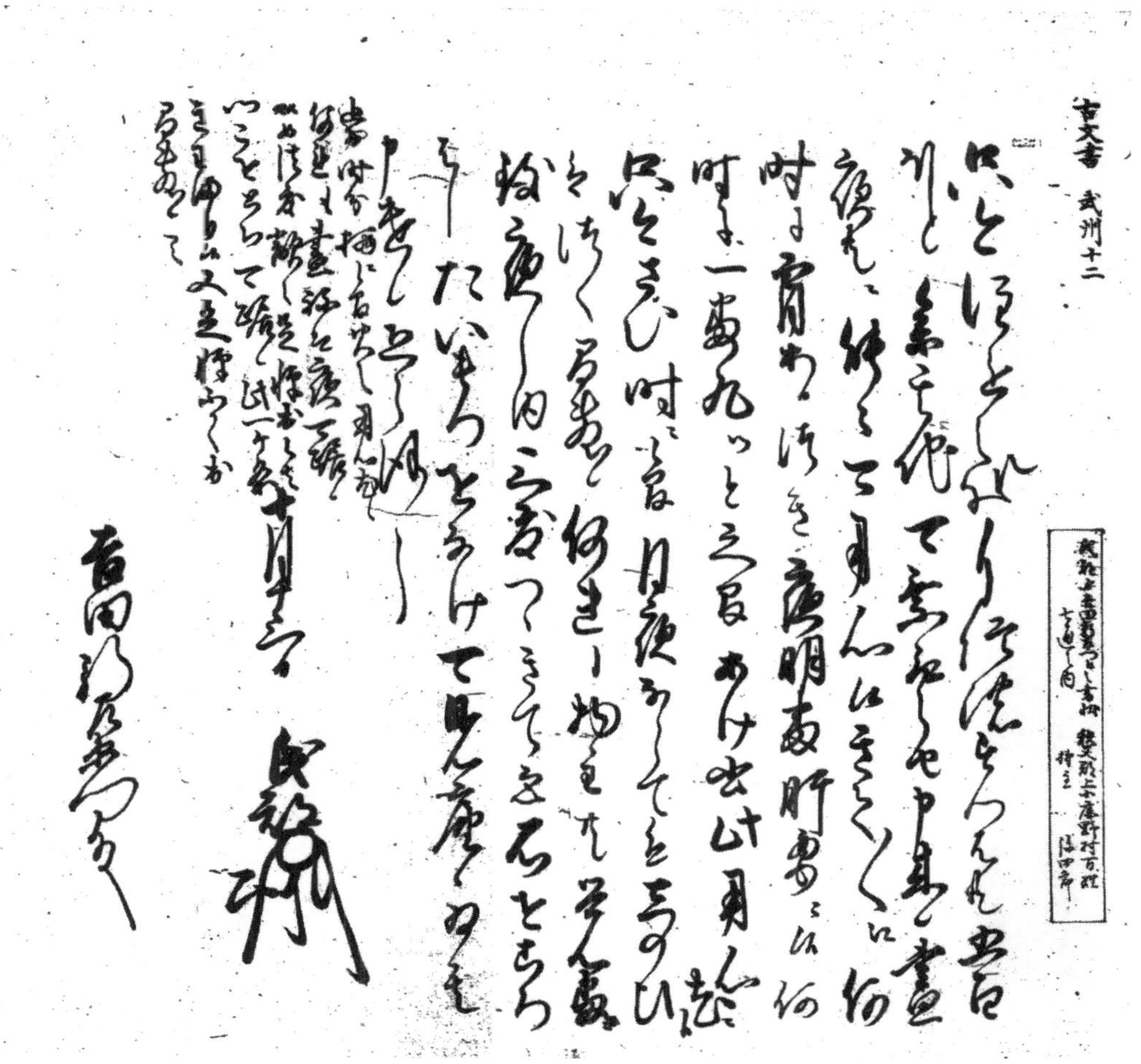

『諸州古文書』十二武州より転載

（朱書）
武蔵上吉田新左衛門之書物　秩父郡上小鹿野村百姓
七通之内　持主　弥四郎

只今注進之処自信濃すつ者共五百
ほと参其地可乗取之由申来候書
夜共ニ能々可用心候きと／＼江何時も
宵あかつき夜明番肝要ニ候何
時も一番九ッ（六）と之間あけ出此用心尤ニ候
只今さむ時ニ候間月夜ならてはしのひ
はつく間敷候何れも物主共覚番ニ
致夜之内三度つゝきてゑ石をころ
はしたいまつをなけ可見届候爲其
申遣候恐ゝ謹言
十月十三日氏邦（花押）
吉田新左衛門殿

追而時分柄ニ候間火之用心尤候
何れも書ねは夜可踞候
如法度敵之足軽出候者
玥こをとち可据候此一ヶ条
きわまり候又足軽ふ可かく出
間敷候以上

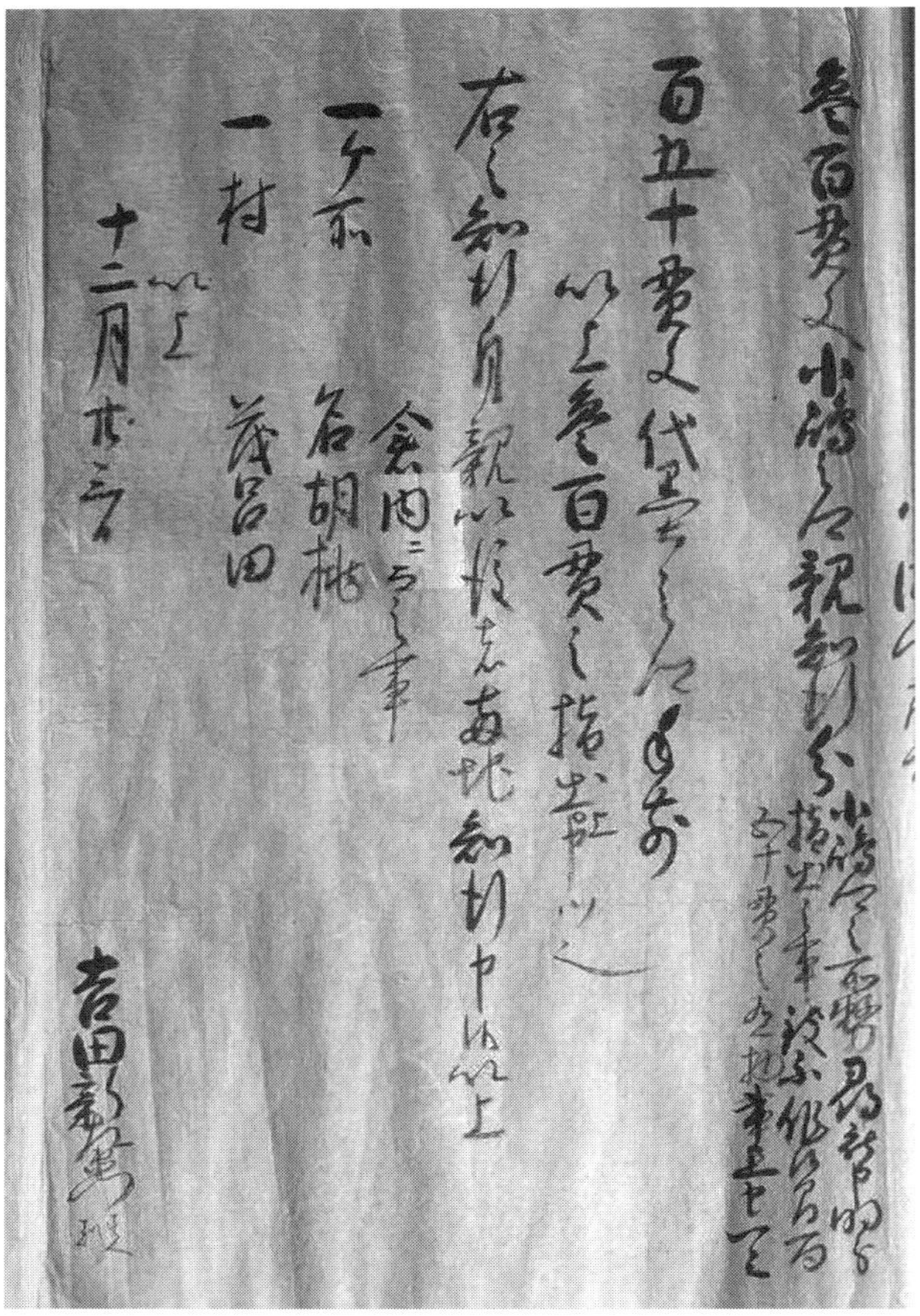

（『吉田系図』）

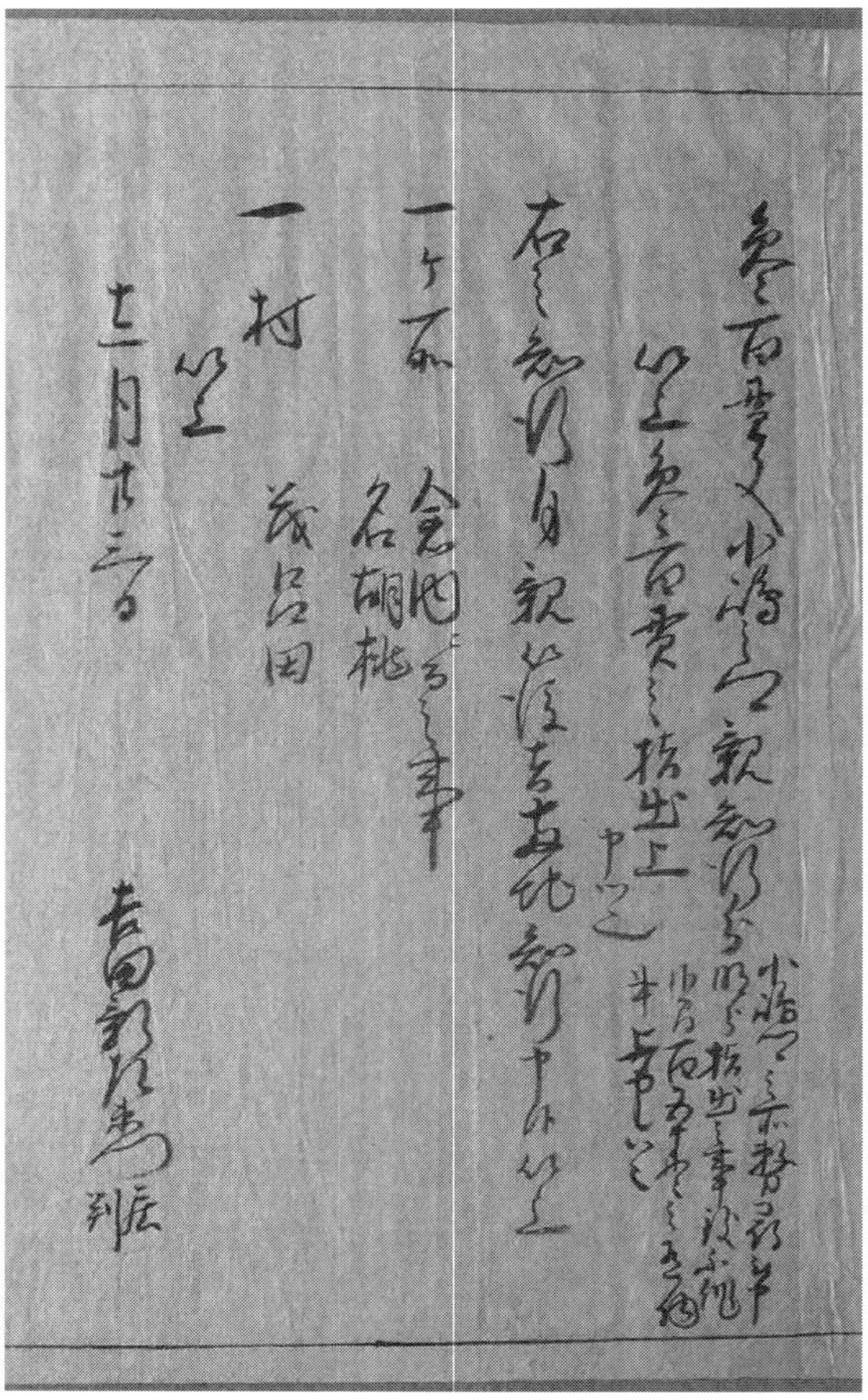

（『吉田系図』）

吉田家文書20　**知行書上（写）**（天正十六年頃）

参百貫文　小嶋之郷親知行分（小嶋郷之所務尋被申明分指出之事致不作候間百五十貫之有物書上申候以上）

以上参百貫之指出上申候也

右之知行自親以後者両地知行申候以上

一ヶ所　倉内ニ而之事
名胡桃

一村　茂呂田

以上

十二月廿三日　吉田新左衛門　居判

参百貫文　小嶋之郷親知行分（小嶋郷之所務尋被申明分指出之事致不作候間百五十貫文之有物書上申候以上）

百五十貫文　黛之郷手前

以上参百貫之指出〇（上）申候也

右之知行自親以後者両地知行申候以上

一ヶ所　倉内ニ而之事
名胡桃

一村　茂呂田

以上

十二月廿三日　吉田新左衛門　スヘ判

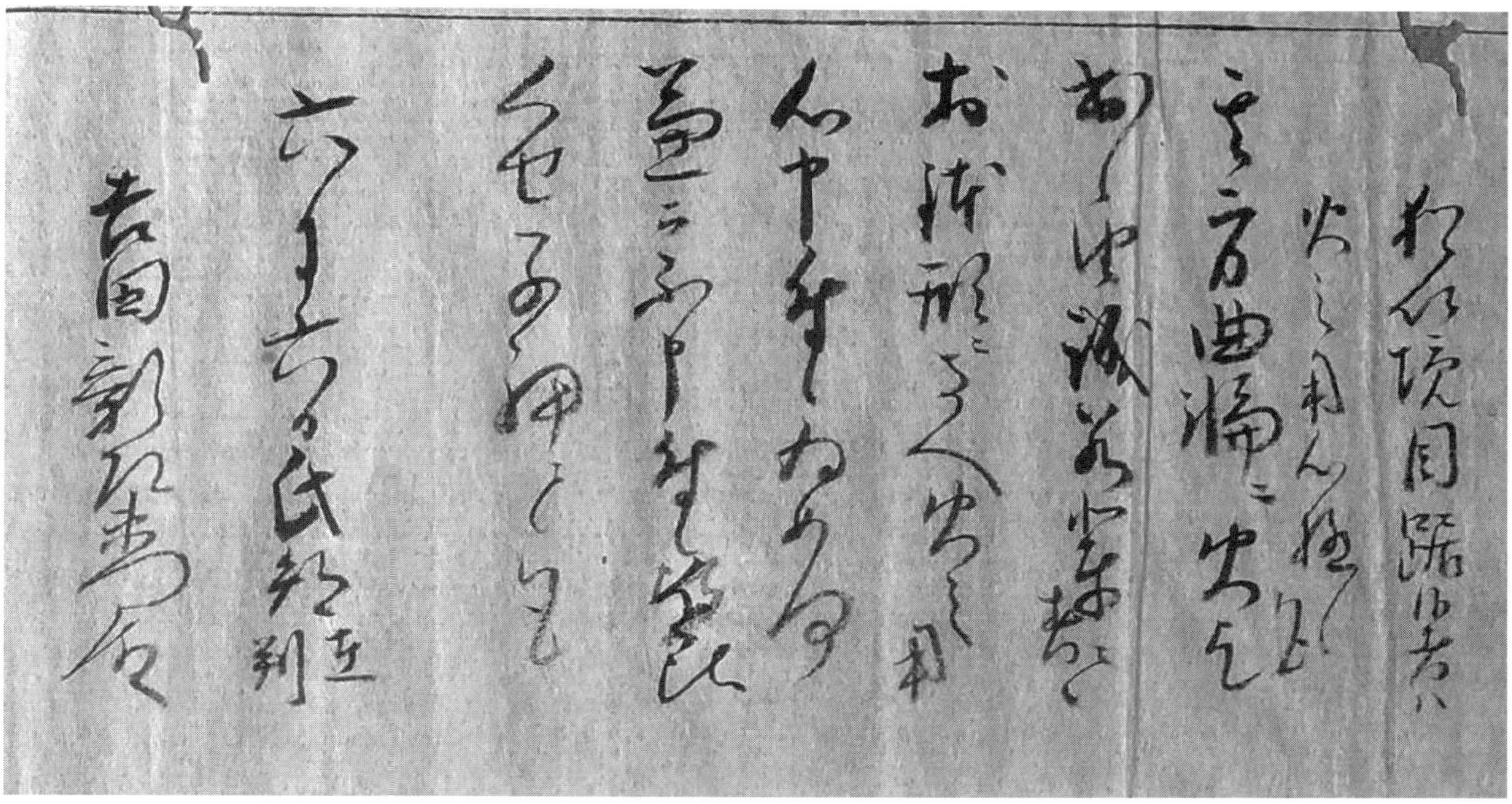

（『吉田系図』）

吉田家文書21　**北条氏邦朱印状（写）**（天正十六年以降）

6－一七〇三

猶以境目踞候者ハ
火の用心極候以上

其方曲輪ニ火を
出候由誠若輩者ニ候
於鉢形ニさへ火之用
心申付候為如何
兼而不申付候近比（頃）
くセ子細ニ候以上

六月六日氏邦（在判）

吉田新左衛門殿

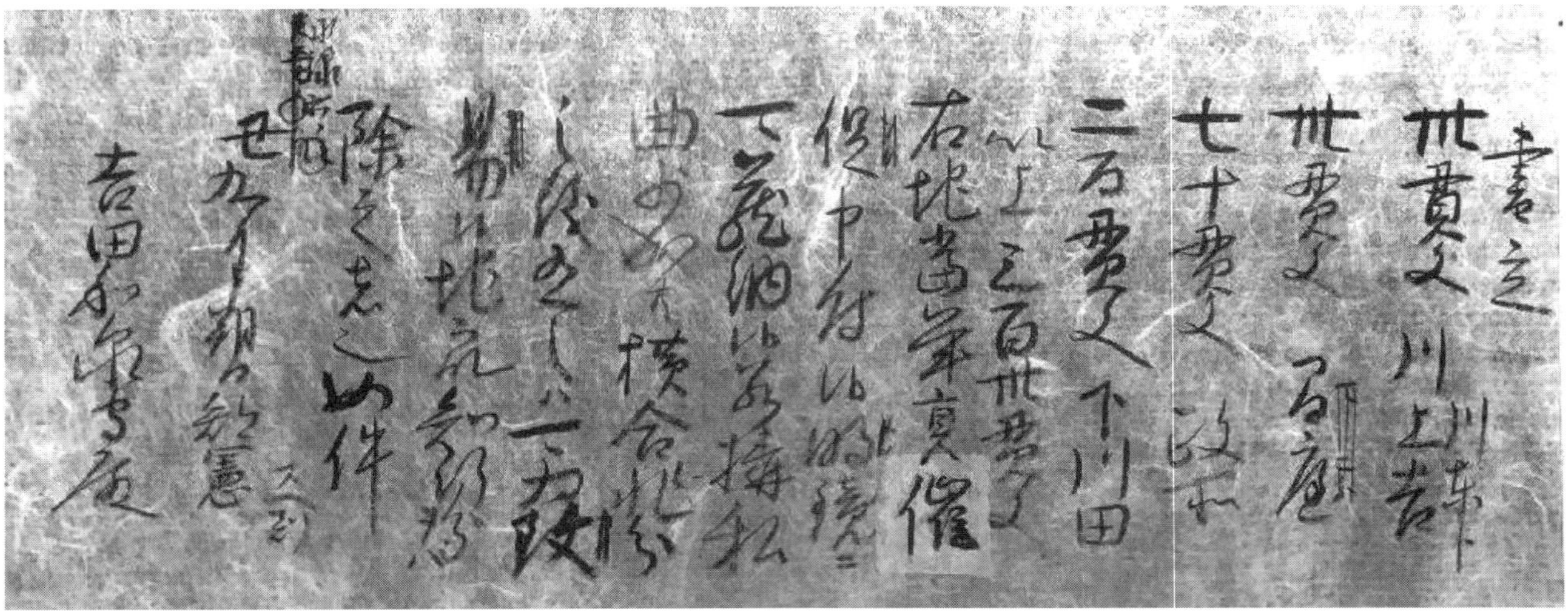

（『吉田系図』）

吉田家文書22　**猪俣邦憲判物（写）**（天正十七年）6－四四九

書立

卅貫文　川上吉 川東分

卅貫文　間庭

七十貫文　政所

二百貫文　下川田

以上三百卅貫文

右地當年貢催
促申付候明鏡ニ
可蔵納候若構私
曲少成共横合非分
之儀有之ハ可為改
易候地衆知行分ヲバ
除之者也如件

「永禄六年」
丑九月朔日邦憲　スヘ判

吉田和泉守殿

吉田家文書23　猪俣邦憲判物(写)（天正十七年）6―一〇〇六

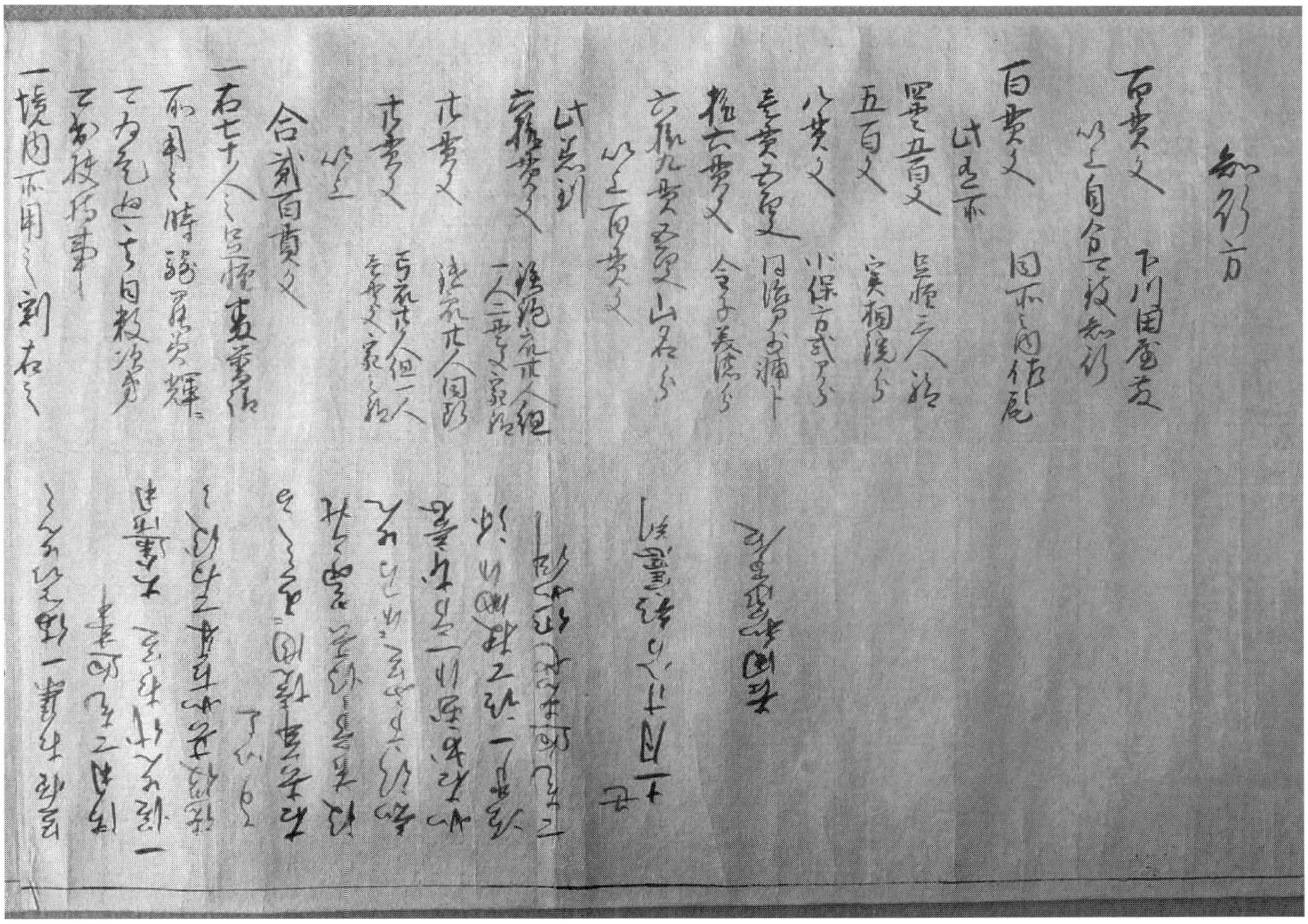

（『吉田系図』）

知行方

百貫文　下川田屋敷
　以上自分可致知行
百貫文　同所之内佐々尾
　此有所
四貫五百文　足軽三人給
五百文　実相院分
八貫文　小保方式部分
壱貫五百文　同治部少輔分
拾六貫文　金子美濃分
六拾九貫五百文　山名分
　以上百貫文
此着到
六拾貫文　鉄鉋衆卅人組
　一人二貫文宛給
廿貫文　鑓衆廿人　同断
廿貫文　弓衆廿人但一人
　壱貫文宛之給
以上
合弐百貫文

一右七十人之足軽番普請
所用之時騎羅美輝ニ
可為走廻其日数次ホ
可出扶持事（刻）
一境内所用之割右之
足軽相集一備を以先ヽ
御用可走廻事
一従先代相定　大途御用
諸役共如古来可為致候
事以上
右去年境内ニ有之而
致苦労候得共当座
知行方不足ニ候間先
如右出置候一方本意
次ホ一跡可扶助候弥
可走廻者也仍如件

丑
十一月廿八日邦憲判
吉田和泉守殿

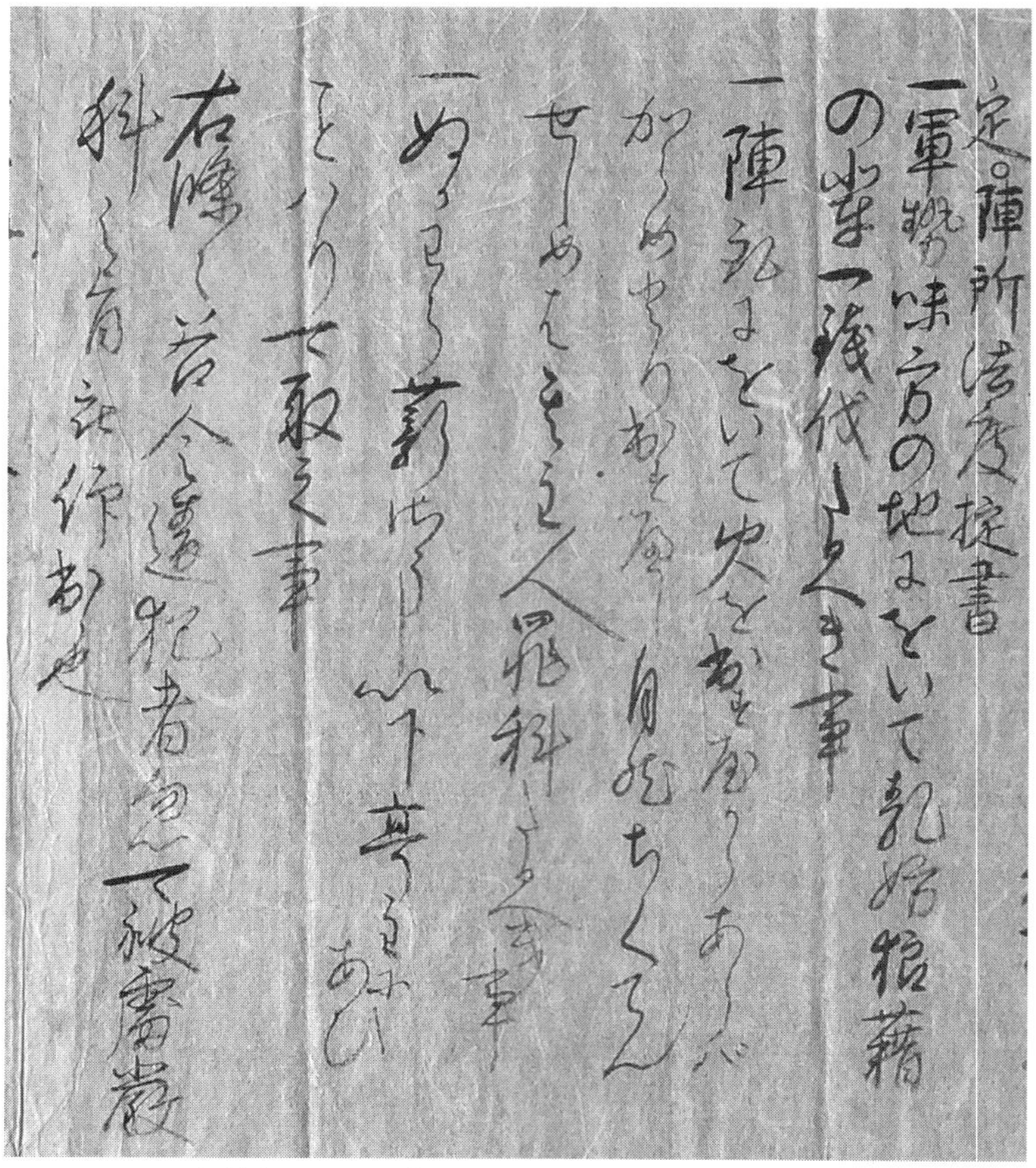

（『吉田系図』）

吉田家文書24　**陣所法度（写）**（天正十八年カ）

定○陣所法度掟書

一軍勢味方之地にをいて亂妨狼藉
の輩一残伐たるへき事
一陣取（所）にをいて火を出すやからあらバ
からめとり出すへし自然ちくてん
せしめは其主人罪科たるへき事
一ぬか わら 薪 さう し以下亭主にあひ
ことハり可取之事

右條ゝ若令違犯者忽可被處厳
科之旨被仰出候也

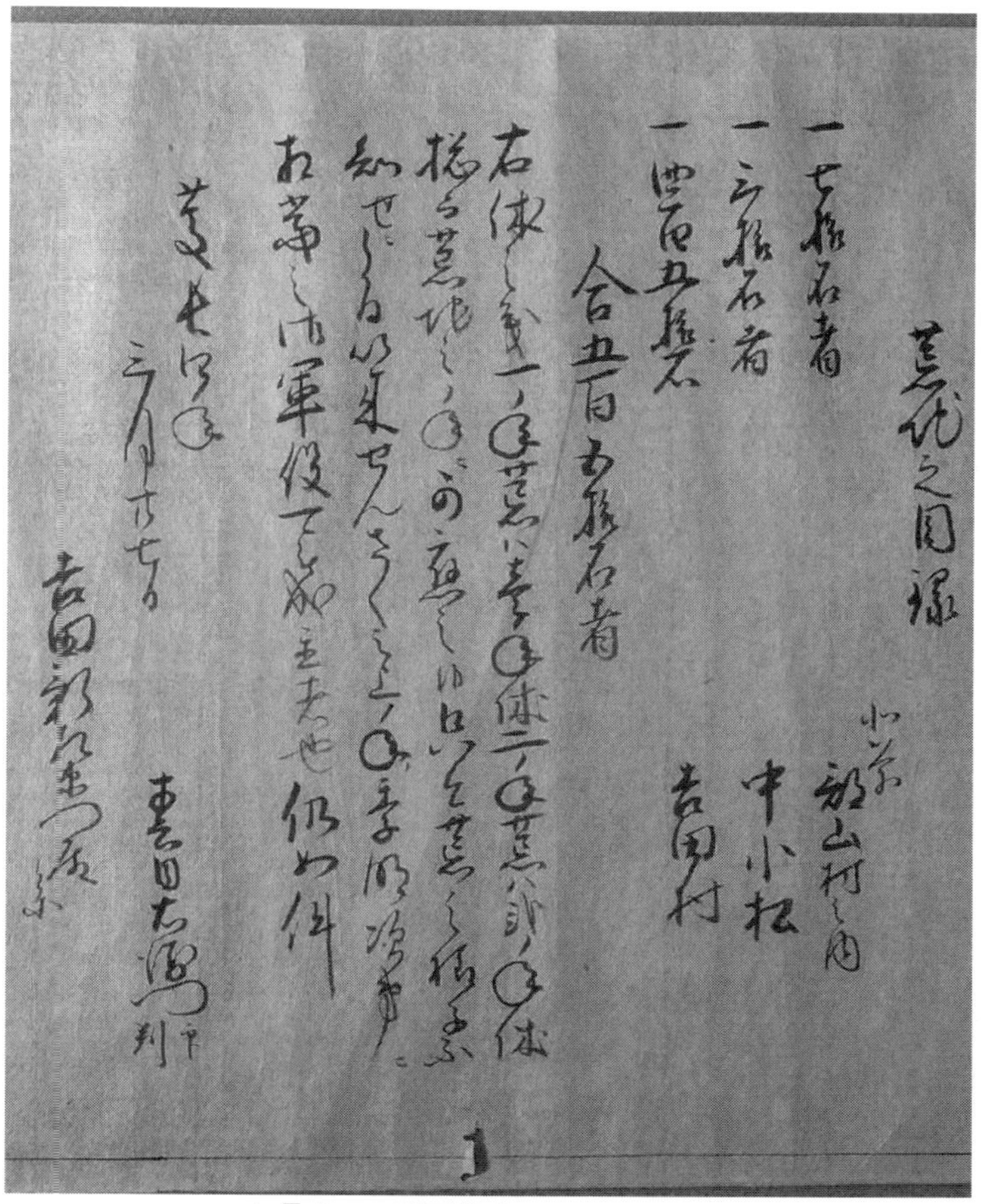

（『吉田系図』）

吉田家文書25　**荒地之目録（写）**　（慶長四年）巻二

荒地之目録

一七拾石者　北草郡山村之内

一三拾石者　中小松

一四百五拾石　吉田村

合五百五拾石者

右休之義一年荒ハ壱年休ニ二年荒ハ弐年休

捴而荒地之年ニ可應之候只今荒之様子不

知せニ候間以来せんさく之上年季明次第ニ

相當之御軍役可被成置者也仍如件

慶長四年

三月廿七日　春日右衛門判印

吉田新左衛門殿

参

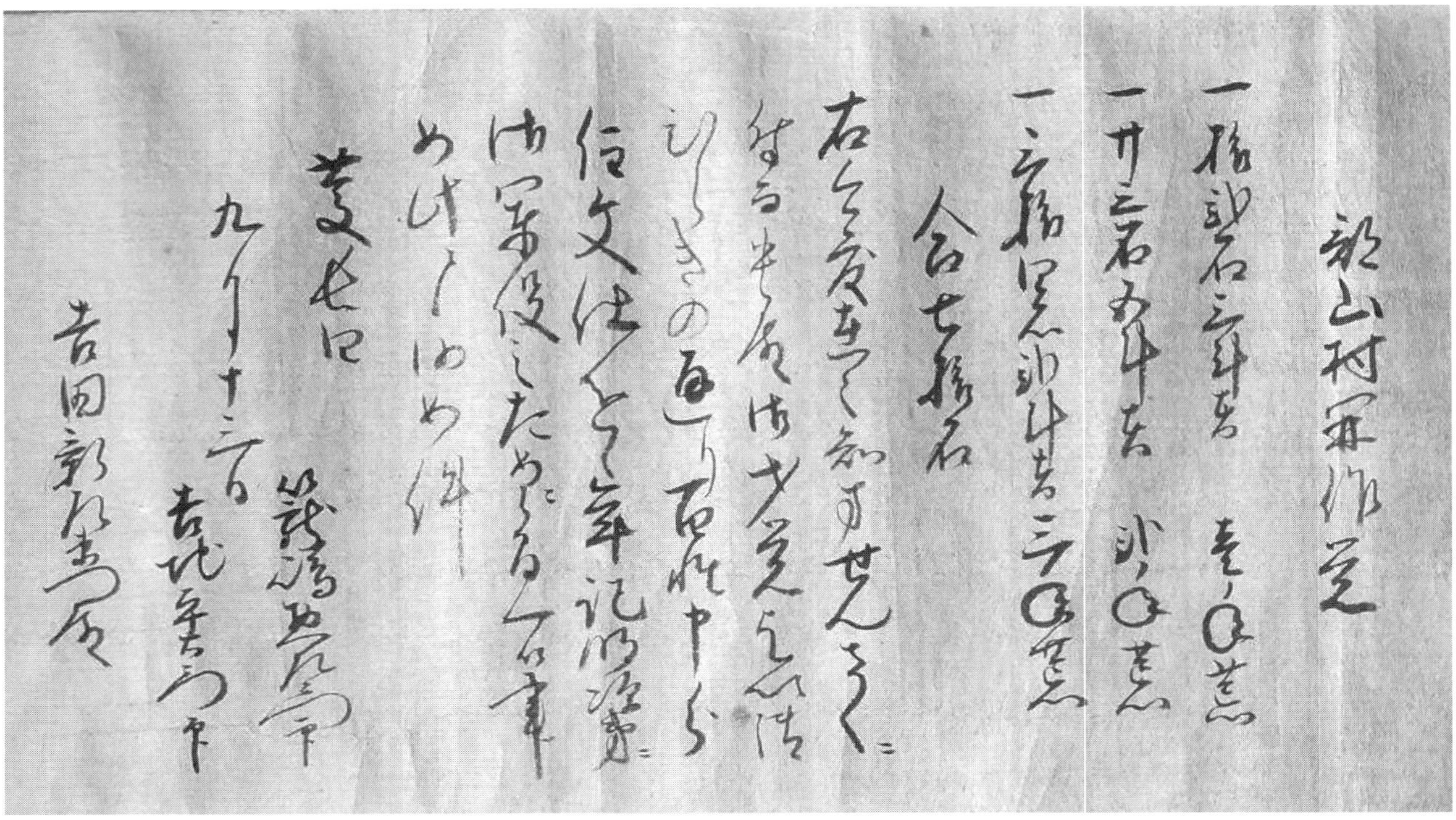

（『吉田系図』）

吉田家文書26　郡山村開作覚（写）（慶長四年）　巻二

郡山村開作覚

一拾弐石三斗者　壱年荒

一廿三石五斗者　弐年荒

一三拾四石弐斗者　三年荒

合七拾石

右今度在と知方せんさくニ付而貴殿御才覚を以御ひらきの通り百性申分（注）住文仕進候年記明次㐧ニ御軍役之ためニ候間一筆如此ニ候仍如件

慶長四

九月十三日

籠嶋惣左衛門印

吉地平右衛門印

吉田新左衛門殿

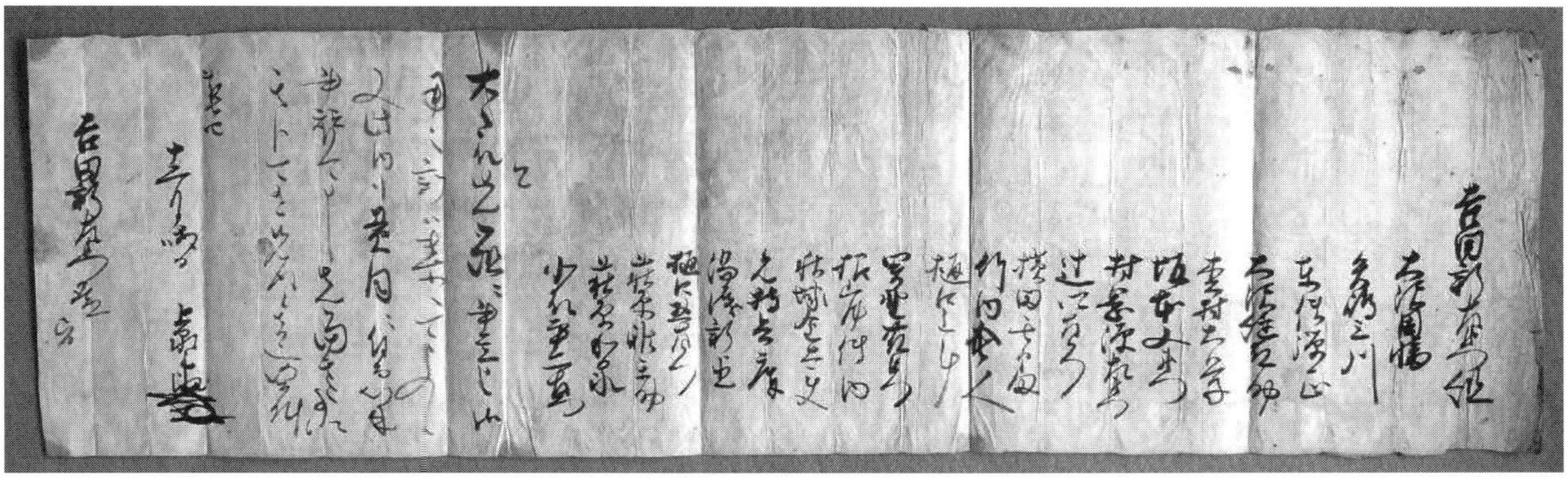

縦 17.6cm、横 60.8cm

吉田家文書27 **上泉主水判物** （慶長四年） 巻二

吉田新左衛門組
大沢 因幡
矢嶋 三川（河）
東使 弾正
大沢縫殿之助
杢村 大学
坂本又右衛門
村岡源左衛門
辻郷左衛門
横田 玄蕃
竹内 舎人
樋口 主計
関野藤左衛門
根岸 傳内
秋塚金太夫
見持 兵庫
湯浅新之丞
樋口惣左衛門
萩原雅楽助
萩原 和泉
北爪平二右衛門
以上
右之衆先御組ニ書置申候御
用之刻ハ貴所へ可申入候
又此内も貫目ニ付而以来
書替可申候先當意之事ニ候
其分可有御心得候者也仍如件
慶長四
十二月晦日 上泉主水（花押）
吉田新左衛門殿
参

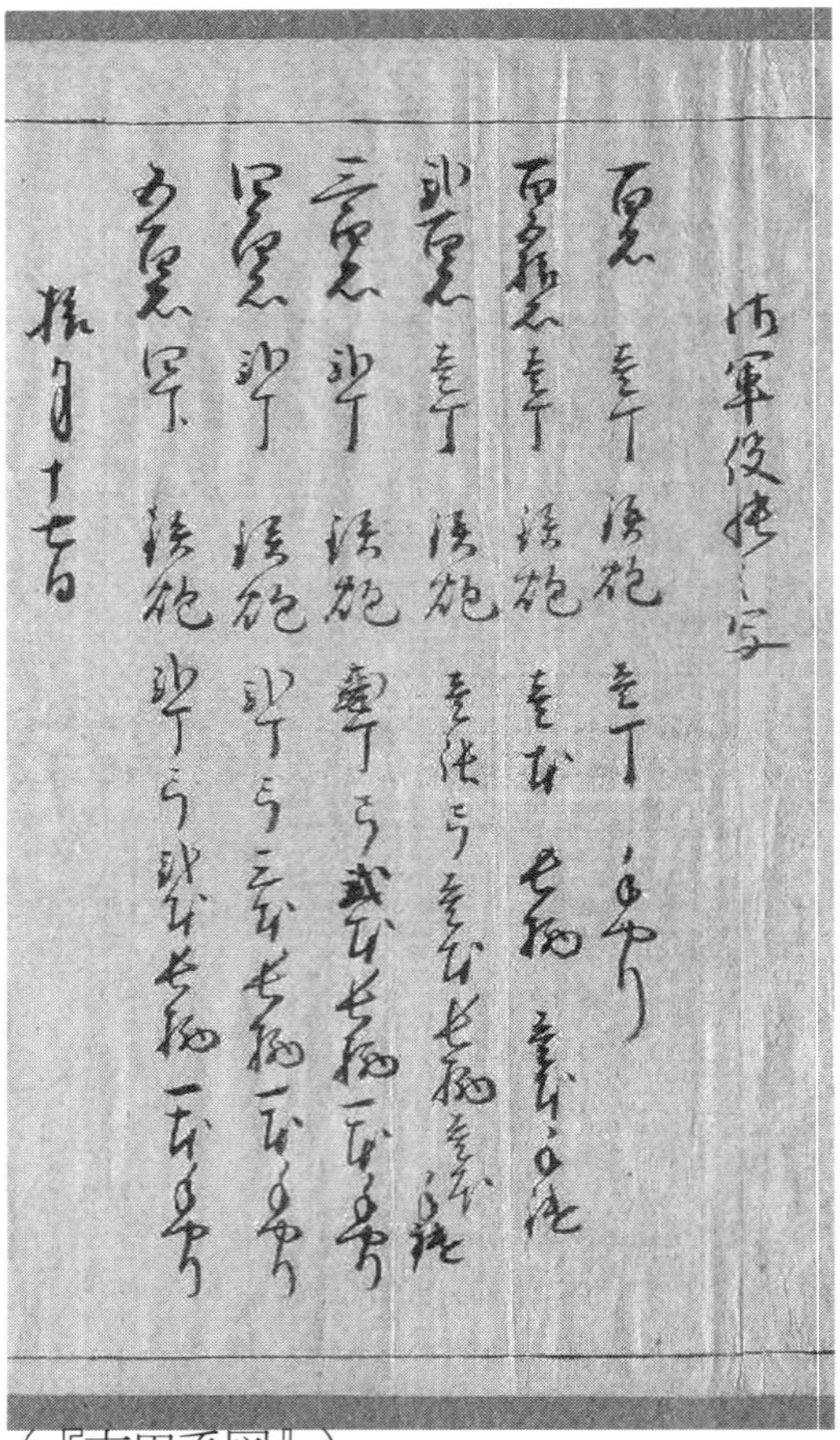

（『吉田系図』）

吉田家文書28　御軍役帳（写）

御軍役帳之写

百石　壱丁 鉄炮　壱丁 手やり

百五拾石　壱丁 鉄炮　壱本 長柄　壱本 手鑓

弐百石　壱丁 鉄炮　壱張 弓　壱本 長柄　壱本 手鑓

三百石　弐丁 鉄炮　弐丁 弓　弐本 長柄　一本 手やり

四百石　弐丁 鉄炮　弐丁 弓　三本 長柄　一本 手やり

五百石　四丁 鉄炮　弐丁 弓　弐本 長柄　一本 手やり

拾月十七日

吉田家文書29　**春日右衛門書状（写）**（慶長五年カ）巻二

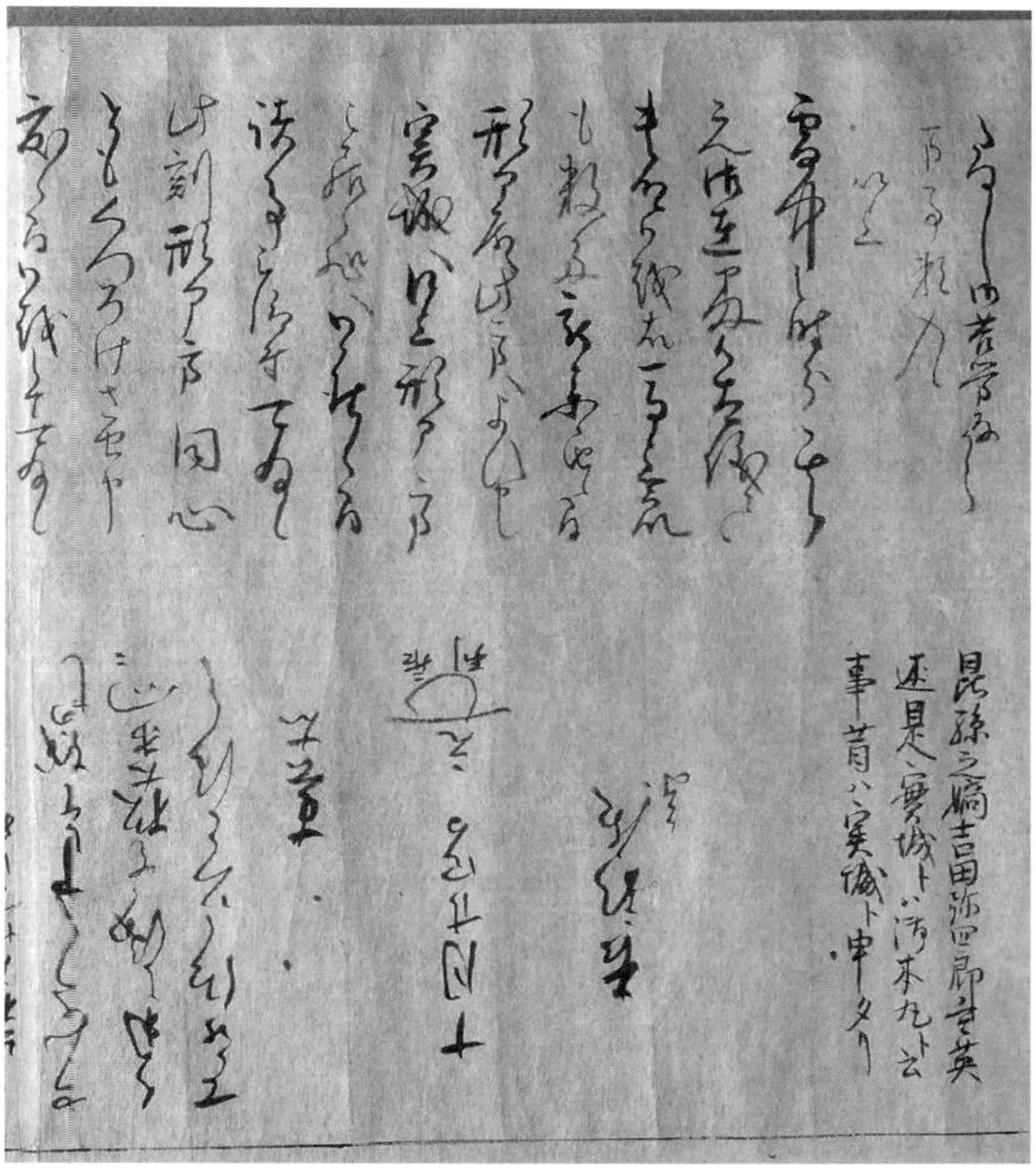

（『吉田系図』）

尚々御苦労なから
万事頼入候
以上

雪中之時分其
元御在番御太儀ニ候
貴殿御越故馬上衆
も数多被参候由候間
形部殿此方へよひ申候
実城へ口上形部方
之居候処へ御座候間
諸事被仰付可為候
此刻形部方同心
ともくつろけさセ申
度候間御越候て可給候

せんさく申候て越可申候
御用之儀候者杉右衛門尉ニ
可被仰候恐々謹言

春右

十月廿四日　元居　判

吉新殿
参

「昆孫之嫡吉田弥四郎重英
述是實城トハ御本丸ト云
事昔ハ実城ト申タリ」

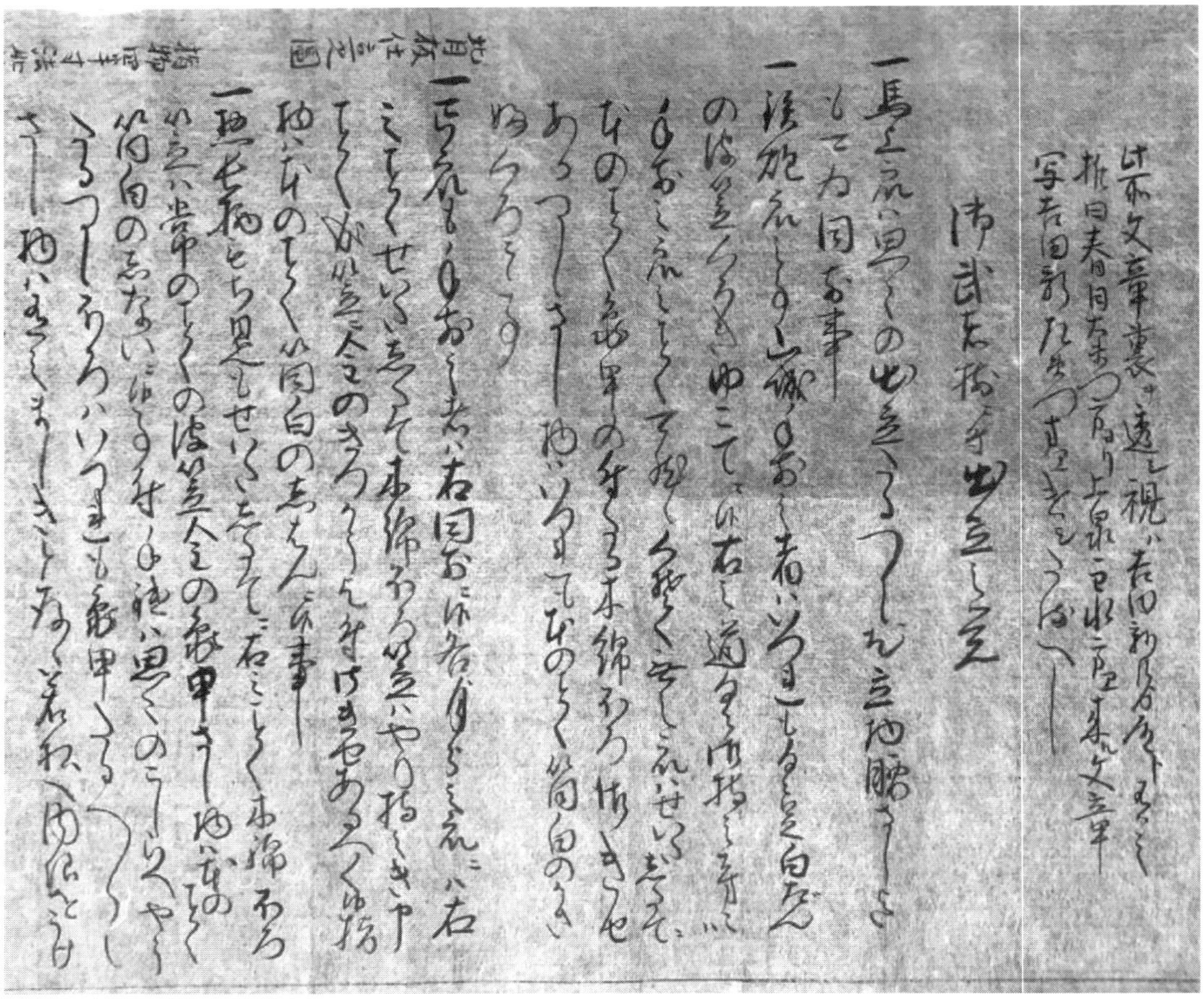

（『吉田系図』）

吉田家文書30　御武者揃に付出立之覚（写）（慶長四年カ）

「此所文章裏ヲ透シ視ハ吉田新左衛門殿ト有之
推曰春日右衛門方ヨリ上泉主水方ヱ来ル文章
写吉田新左衛門方ヱ遣シたるへし」

御武者揃ニ付出立之覚

一馬上衆ハ思〻の出立たるへく候尤立物腰さし迄
も可為同前事
一鉄炮衆之事山城手前之者ハいつれも具足白だん
の皮笠くろきゆこてニ候右之道具御持之旁々ハ
手前之衆之ことく可然候くそく無之衆ハせいたしたてニ
本のことく亀甲の付たる木綿ほろ御きせ
あるへく候さし物ハいつれも本のことく筒白のかさ
ふくろニ候事

背板仕立之図

一弓衆も手前之者は右同前ニ候各自分之衆ニハ右
之ことくせいたしたて木綿ほろ笠ハやり持之き申
ことく成笠ニ金のきつかうを付御きせあるへく候指
物ハ本のことく筒白のしはんニ候事

指物四半寸法如

一惣長柄もち是もせいたしたてニ右之ことく木綿ほろ
笠ハ常のことくの皮笠金の亀甲さし物ハ本のことく
筒白のしないニ候事付手鑓ハ思〻のこしらへやう
たるへしほろハいつれも亀甲たるへく候
さし物ハ有之ましきと存候若松へ内儀をうけ

巻二

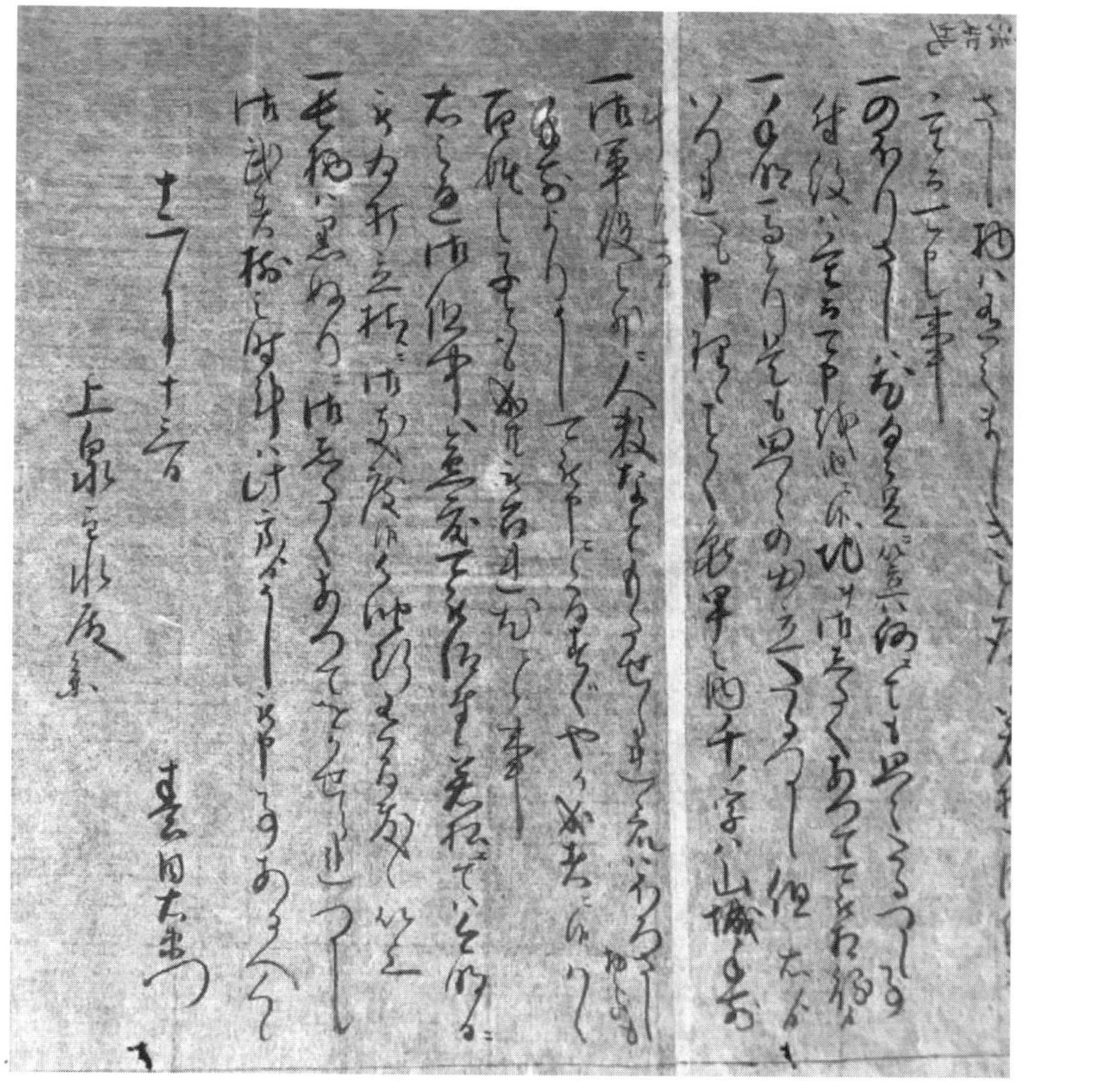

法如此

（さし物ハ有之ましきと存候若松へ内儀をうけ）
重て可申候事
一　のほりさしハ尤具足ニ笠ハ何ニても思〻たる可候
付紋ハ重而可申越由ニ候ヲ御したくあつて可被相稼候事
一　手明馬とり是も思〻の出立たるへく候但右よりゝ
いつれへも申理候ことく亀甲之内千ノ字ハ山城手前
斗（計）に候事□□□
一　御軍役の外ニ人数なともたせられ候衆ハほろさし物迄も
手前よりかし可被申ニ候間すぐやか成者ニ候ハヽ
百姓之子とも成共被召連尤ニ候事
右之通御組中ヘ急度可被仰付候若松ニては今明日ニ
被為打立様ニ御支度候御油断有間敷候以上
一　長柄ハ黒ぬり（計）ニ御したくあつてをかせられ可候
御武者揃之時斗ハ此方よりかし被申事あるへく候
十二月十三日　春日右衛門
上泉主水殿
参

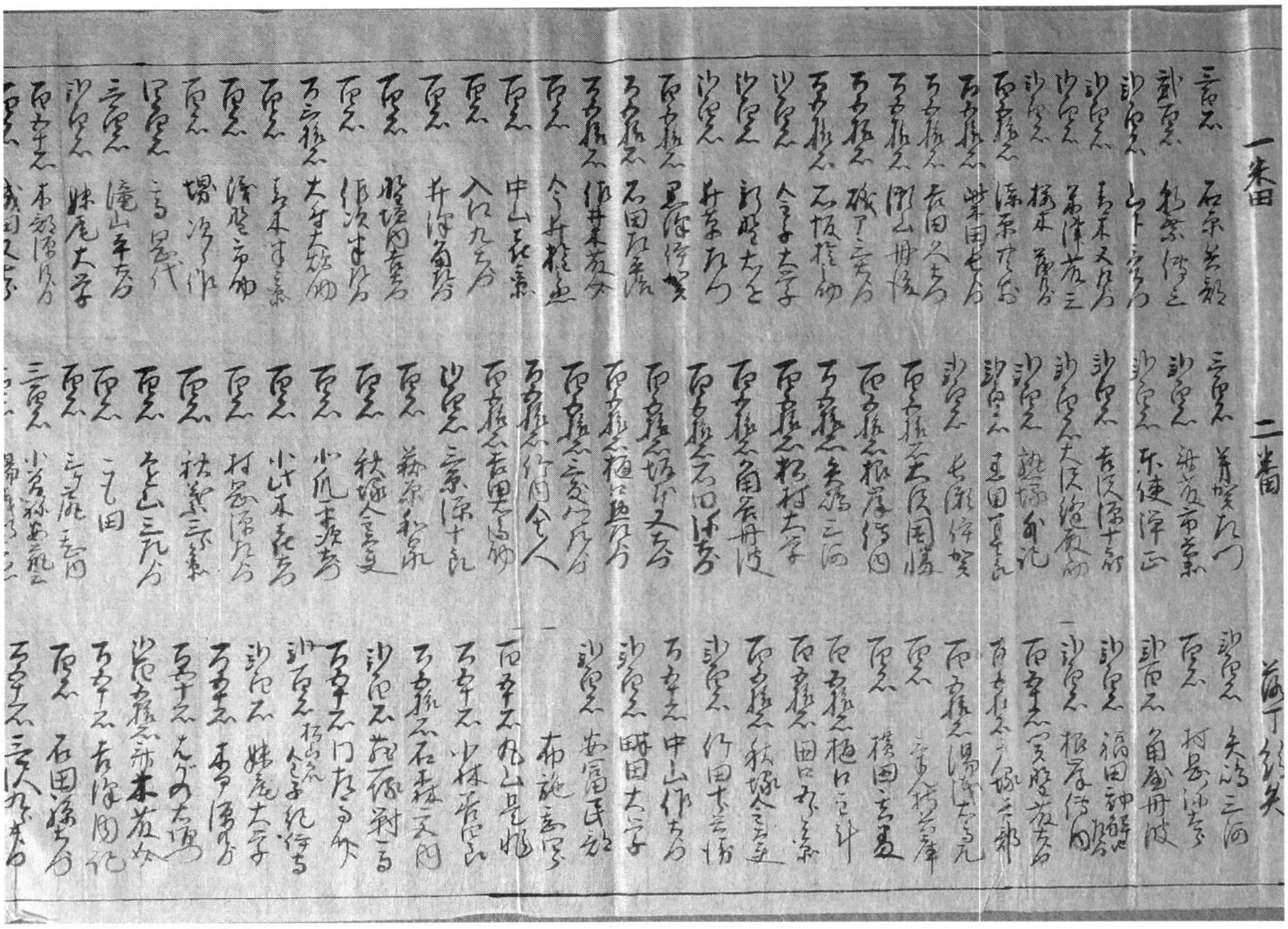

（『吉田系図』）

吉田家文書31　「□□□□組書上カ」（慶長五年）

一番

三百石	石原兵部
弐百石	朝乗傳三
弐百石	山下三右衛門
弐百石	青木又左衛門
弐百石	米津藤三
弐百石	桜木茂左衛門
百五拾石	漆原豊前
百五拾石	柴田長衛門
百五拾石	吉田久右衛門
百五拾石	瀬山丹後
百五拾石	磯部三右衛門
百五拾石	石坂権之助
弐百石	金子大学
弐百石	新野右近
弐百石	井草左門
百五拾石	黒澤伊賀
百五拾石	石田左平次
百五拾石	佐井木藤介
百石	今井権之丞
百石	中山喜兵衛
百石	入江九右衛門
百石	井澤角左衛門
百石	野垣内吉右衛門
百石	佐次半左衛門
百三拾石	大付大炊助
百石	青木半兵衛
百石	浅野市助
百石	堺　次郎作
四百石	高岡　代
三百石	滝山平右衛門
弐百石	妹尾大学
百五十石	木部源左衛門

二番

三百石	芳賀左門
弐百石	齋藤市兵衛
弐百石	東使弾正
弐百石	吉沢源十郎
弐百石	大沢縫殿之助
弐百石	熟塚外記
弐百石	黒田半七郎
弐百石	長瀬伊賀
百五拾石	大沢因幡
百五拾石	根岸傳内
百五拾石	矢嶋三河
百五拾石	松村大学
百五拾石	角谷丹波
百五拾石	石田弥右衛門
百五拾石	坂本又右衛門
百五拾石	樋口惣左衛門
百五拾石	三友郷左衛門
百五拾石	竹内舎人
百五拾石	吉田右馬之助
百五拾石	三原源十郎
百石	萩原和泉
百石	秋塚金太夫
百石	北爪平次右衛門
百石	小此木喜右衛門
百石	村岡源左衛門
百石	秋葉三郎兵衛
百石	遠山三左衛門
百石	こも田
百石	三ケ尻甚内
三百石	小曾祢安藝

落丁紛失

弐百石	矢嶋三河
百石	村岡弥太郎
弐百石	角屋丹波
弐百石	福田勘解由左衛門
弐百石	根岸傳内
百五十石	関野藤右衛門
百五拾石	戸塚兵部
百五拾石	湯浅右馬允
百石	けん持兵庫
百石	横田玄蕃
百五拾石	樋口主計
百五拾石	田口五郎兵衛
百五拾石	秋塚金太夫
弐百石	竹田十郎兵衛
百五十石	中山作右衛門
弐百石	畔田大学
弐百石	安富民部
	布施甚四郎
百五十石	丸山是非
百五十石	小林善四郎
百五拾石	石森宮内
弐百石	蔵塚對馬
百五十石	同　左馬介
	松山衆
弐百石	金子紀伊守
弐百石	妹尾大学
百五十石	木部源左衛門
百五十石	はがの右衛門
弐百五拾石	齋木藤介
百五十石	吉澤内記
百石	石田孫右衛門
百五十石	三沢九郎右衛門

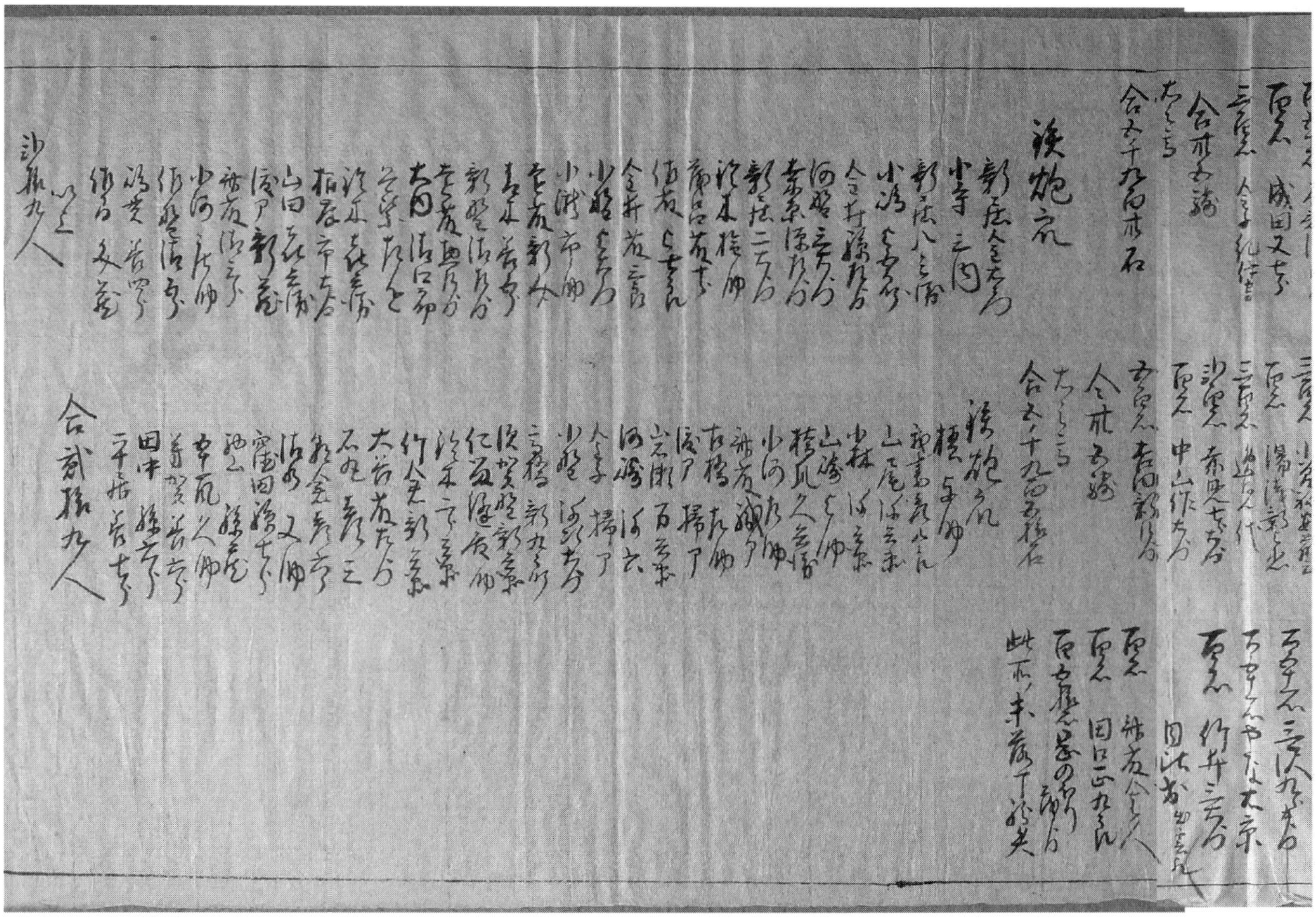

（一番続き）

百石　成田又七郎
三百石　金子紀伊守
合卅五騎
右之高
合五千九百卅石
鉄炮衆
新居金右衛門
小寺三内
新居八兵衛
小嶋与五郎
金井孫左衛門
河野二右衛門
桑原源左衛門
新居二右衛門
鈴木権助
茂呂藤十郎
佐藤与七郎
金井藤三郎
小野与右衛門
小瀧市助
遠藤新介
青木善五郎
新野清左衛門
遠藤惣左衛門
大内清四郎
谷　柴左近
鈴木喜兵衛
根岸市右衛門
山田喜兵衛
渡部新蔵
齋藤清三郎
小河庄助
佐野清五郎
嶋貫善四郎
作間藤三
以上
弐拾九人

（二番続き）

百石　湯浅新之丞
三百石　逸見代
弐百石　赤見七郎左衛門
百石　中山作右衛門
五百石　吉田新左衛門
合卅五騎
右之高
合五千九百五拾石
鉄炮衆
椿　与助
我妻彦八郎
山尾弥兵衛
小林弥兵衛
山崎与助
橋爪久兵衛
小河左助
齋藤織部
古橋左助
渡部掃部
岩瀬万兵衛
河崎弥六
金子掃部
小野弥次右衛門
高橋新九郎
須賀野新兵衛
紀留縫殿助
鈴木二郎兵衛
竹倉新兵衛
大谷藤左衛門
石丸彦三
朝倉彦六郎
清水又助
窪田孫七郎
西山孫蔵
五十嵐久助
芳賀善六郎
田中孫六郎
平居善七郎
合
弐拾九人

（三段目続き）

（百五十石　三沢九郎右衛門）
百五十石　やな右京
百石　竹井三右衛門
日比出　出雲欤
百石　斎藤舎人
百石　田口正九郎
百五拾石　岡のほり
茂右衛門
此所ノ末落丁紛失

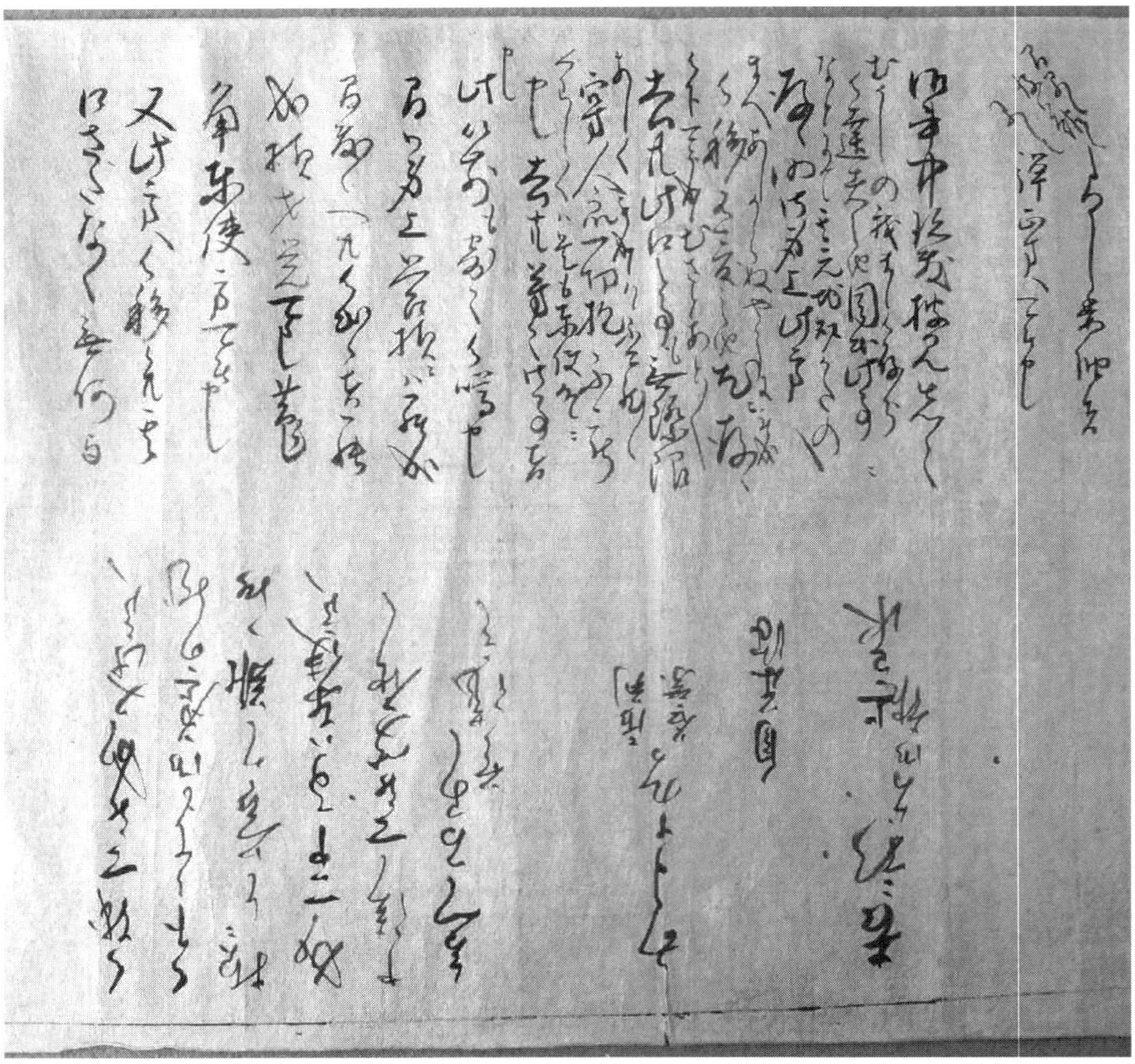
（『吉田系図』）

吉田家文書32　上泉主水書状（写）（慶長七年カ）巻一

尚〻委細者
弾正方へ可被申候
間早〻及御報候
早〻

御書中珍敷披見先〻
むかしの我まゝ御存分
御達者之由目出此事ニ
なとにて其元地頭かたの
存候仍御身上此方へ
まへあしからぬやうに被成
御移有度之由尤ニ存候
御下可被成尤さたあり候哉
去共此口之事も無際限
あしく被成候ハヽ不可然候
牢人衆一切抱不被
くわしくハ是も東使殿ニ
申候去共旁〻御事者
申候
此以前も寄〻御噂申候
間御身上思召様ニハ罷成
間敷候へ共御出候者罷
成様才覚可申候菟
角東使方可被申候
又此方へ御移候共其
口さたなく無何与

御越可被成候又此方へ
御下候ても御身上可然
様ニと思召候ハヽ難罷
成候可申事ハ東使方へ
申談候可被聞届候
急候間早〻　恐〻謹言
五月十九日 据判 名乗
自米澤
吉新　上主水
まいる御報

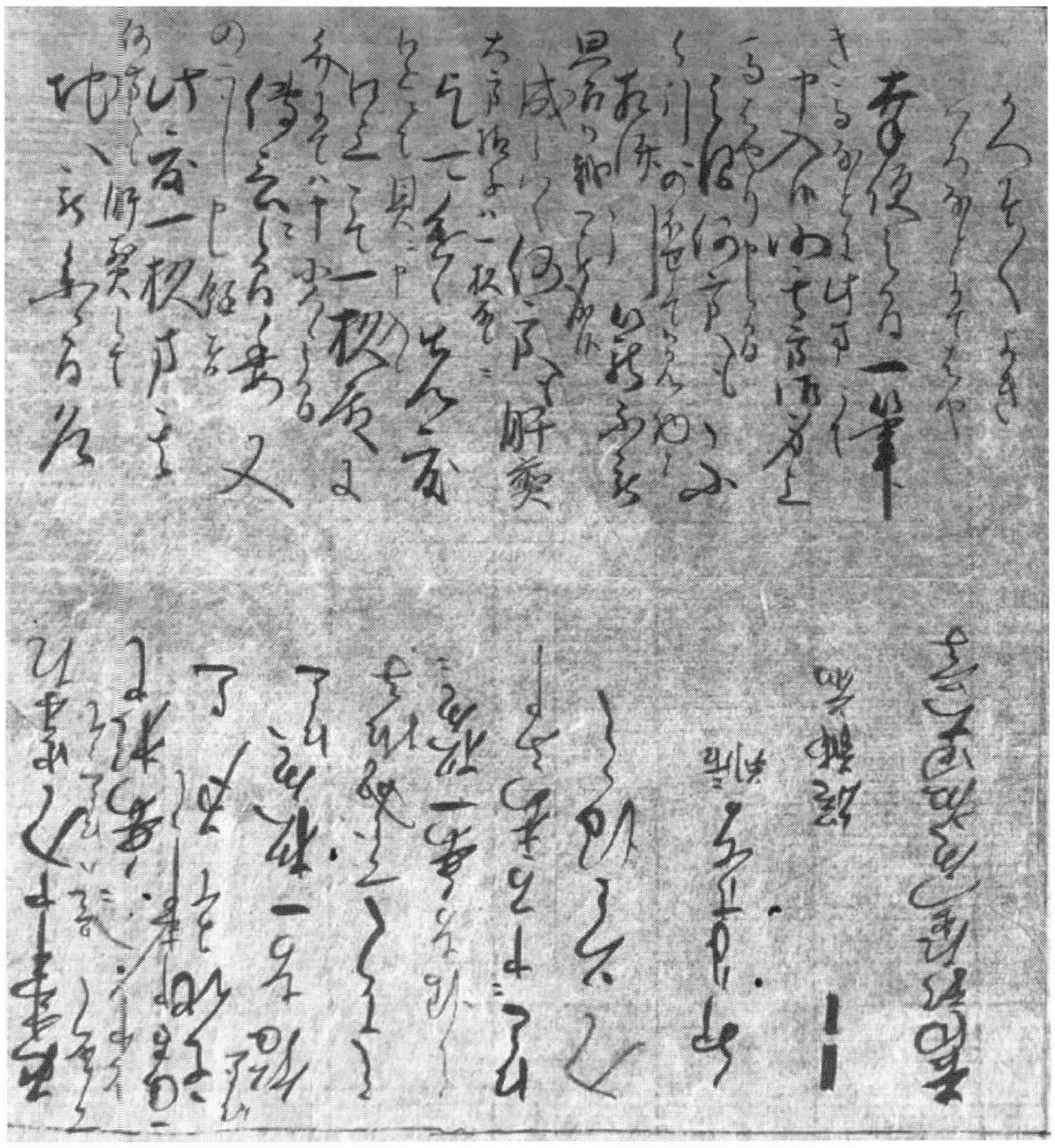

（『吉田系図』）

吉田家文書33　**藤田大学書状（写）**（慶長八年カ）

かへす〳〵よき
くろなとにてはや
幸便之間一筆
き馬などに此方にて
申入候仍其方御身上
馬はやり申候間
之儀何方へも不
御引のほせ候て御見物と
相済引籠不
思召御越可被成候
成候ハヽ何方へも肝煎
大方様子ハ一杉殿ニ
を可進候先度
口上ニて具ニ申入候
口上にて一杉殿に
文にてハ申にくゝ候間
傳言ニ候間委又
のこし申候餘者
此度一杉方其
何方へも肝煎候て
地へ被参候間乍

返事申入候由木殿
可遣候是ハ口上ニて
と申人ニ委頼申候
承知申事に候
其地にて身上
以上
餘者一杉殿へ口上
之ことく可被成候様子
之儀者委一杉殿ニ
口上ニ申間委不申
入候恐々謹言
卯月廿七日
従越前
藤田大学
吉田新左衛門殿

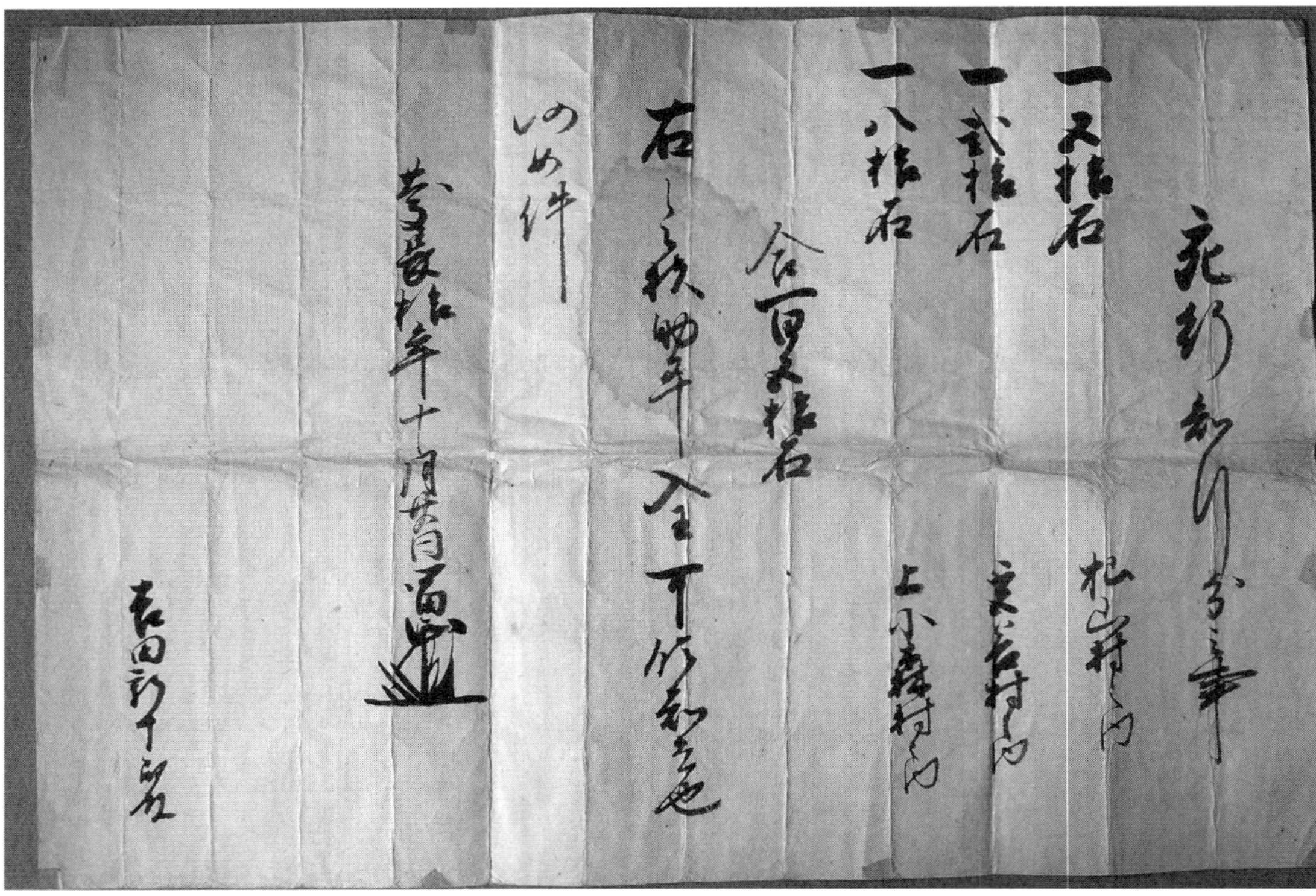

縦 34.0cm、 横 49.6cm

吉田家文書34　本多伊豆守富正判物（慶長十年）

宛行知行分之事

一五拾石　杣山村之内

一弐拾石　宮谷村之内

一八拾石　上小森村之内

合百五拾石

右令扶助畢全可領知者也

仍如件

慶長拾年十月廿日富正（花押）

吉田新十郎殿

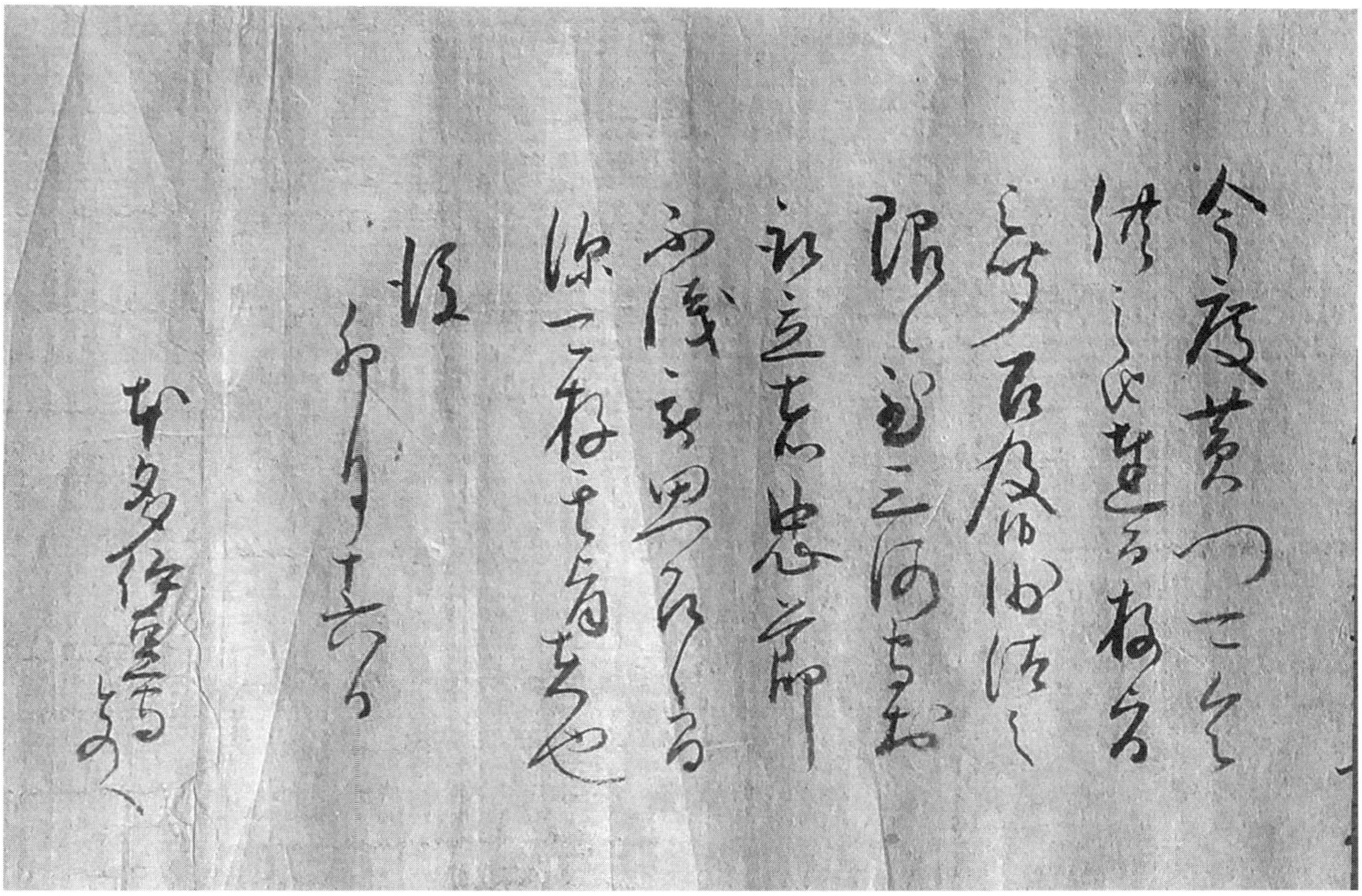

（『吉田系図』）

吉田家文書35　**某書状（写）**（慶長十一年カ）

今度黄門可令
供之由達而存旨
被聞召及候沙汰之
限候至三河守於
取立者忠節
不浅被思召候間
弥可存其旨者也

後

卯月十六日

本多伊豆守
とのへ

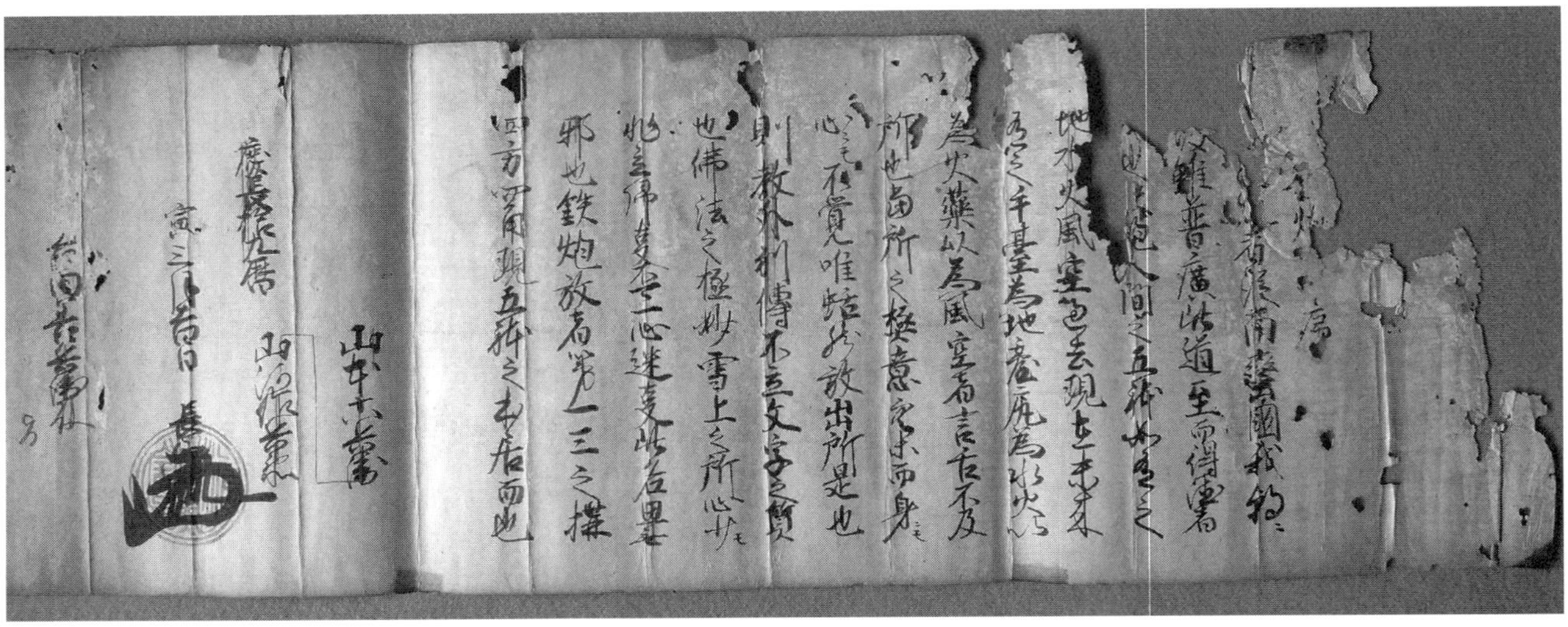

縦 19.4.0cm, 横 55.0cm

吉田家文書36　**山河長政火薬極意書**（慶長十九年）

序

熘 □者従南蛮國我朝ニ
□雖普廣此道至而得徳者
□人間之五躰如有之
地水火風空過去現在未来
有之手薹為地薹尻為水火以
為火薬以為風空者言舌不及
所也当所之極意空等而身ニモ
心ニモ不覚唯蛞然放出所是也
則教外列傳不立文字之質
也佛法之極妙雪上之所心少モ
非立帰叓不可一心迷叓此名思無
邪也鉄炮放者第一三之構
四方四角現五躰之本居而也

山本古兵衛
山河作兵衛
慶長拾九暦
寅三月吉日　長正（花押）（朱印）
吉田善兵衛殿
参

吉田家文書37　**山河長政火薬極意書（写）**（慶長十九年）

右極意之薬之巻卒示
雖無相渡事御執心依
不残令相伝訖為親子
兄弟と云とも無免巳前
他見他言聊御座有
間敷候者也仍如件
慶長十九年甲刁
弥生吉日
三火齋
山本古兵衛
山河作兵衛
長正（花押）
（朱印）
吉田善兵衛殿
まいる

（註）『埼玉の中世文書』による。昭和四十二年調査の時は見当たらずという。

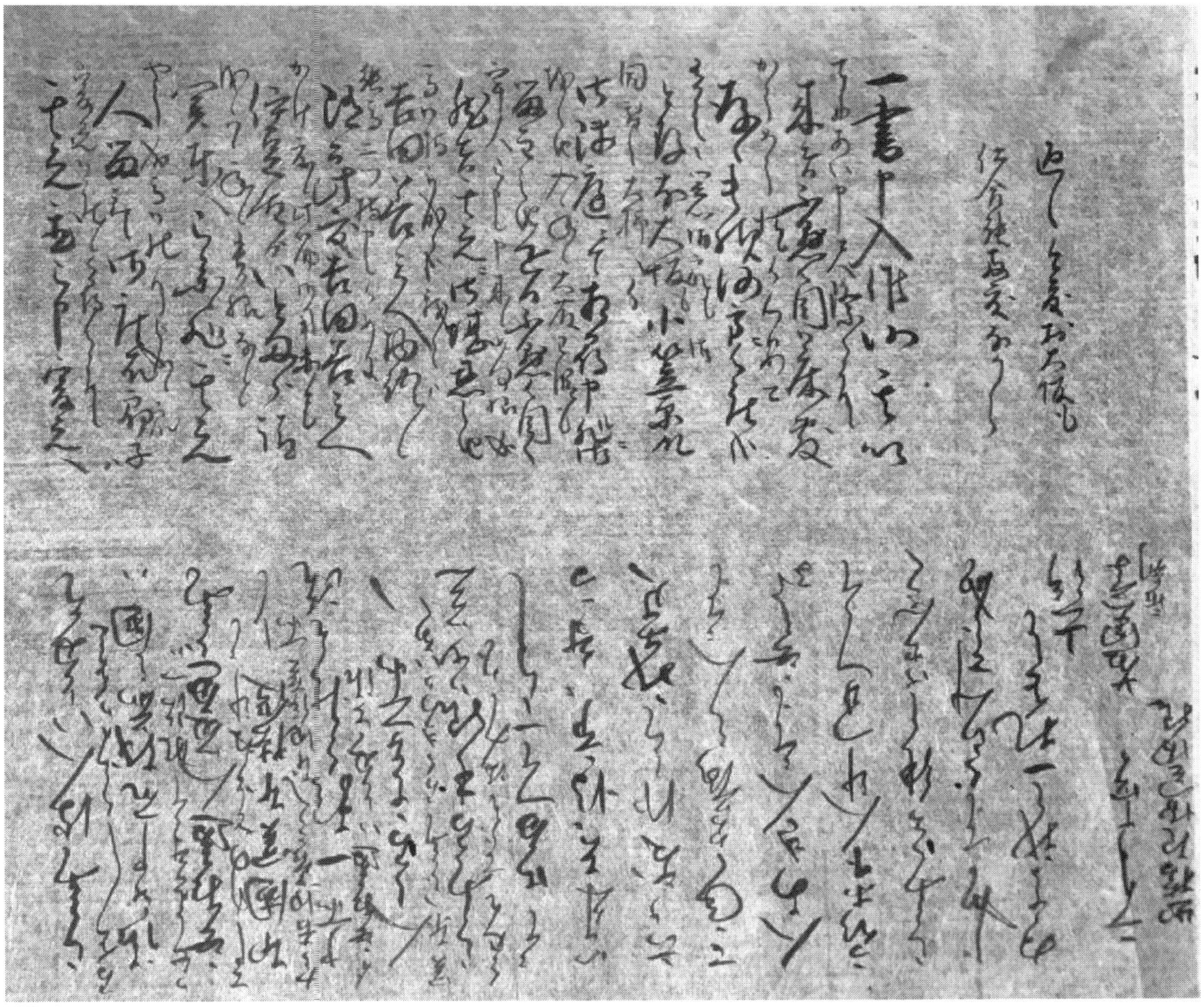

（『吉田系図』）

吉田家文書38　**藤田大学書状（写）**（元和三年）巻二

返ゝ今度於大阪も
仕合能両度なから
一書申入候仍其以
手にあひ申尺際御座候
来者不懸御目御床敷
かうめう仕候御心安可
存候貴様何方ニ御座哉
有之候恙御衆も御
と存於大坂も小笠原殿
國替之大柿へ御
御陣庭ニて相尋申処ニ御
越之由入承候大藤巳殿ニも
留主之由近日不懸御目候
牢人被申候申来候如何様成
然者其元ニ御堪忍之由
馬御持被成候哉我ゝハ
吉田善兵へ物語候
能馬二ツ持申候御めに
随而此度吉田善兵へ
かけ度候此筋御用等申候
伊豆守殿よりいとま被請
儀候ハゝ承候貴様なと
関東へ被参候処ニ其元
やう成馬御のり被成候衆
人留ニて御座候故郎子ハ
爰元御座候御尋可被下候
其元置被申爰元へ

被参候彼人いとまを乞
間近く候間可申進上
請被申所越前之國ハ
御出之有付候ハゝ□□へハ
無相違人留通被参候
可申ものをと存計に申候
本國関東猪俣と
今吉田善兵衛本多伊豆所
申所ニ一類御座候て路
より無相違いとま乞請
人之間其在所へ
関東へ被参候間御きつかいなく
被参候間貴様御才覚
御返に可被下候頼入候以上
ニて御通て可下候
以来者役方ニ付而
六ケ敷儀候ハゝ我等方へ
可承候欠落人ニても
人あき人ニても無之候子
郎等下人斗（計）つれ候て
被参候而能々御せんさく
被成候ても御らんし可被成候
為其我々一札進之候
六拝
二月十四日　藤田大学 居判
出橋左衛門兵衛様

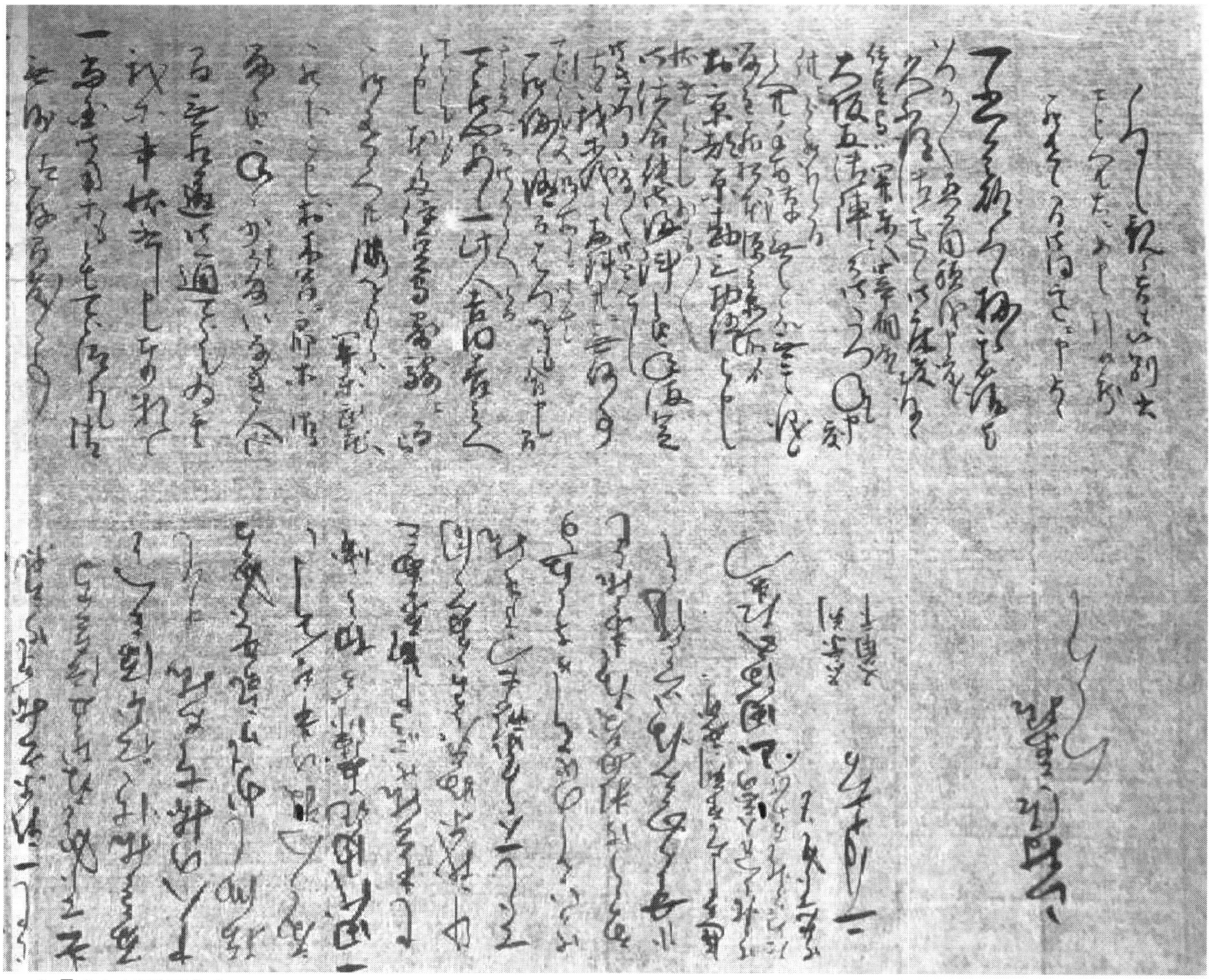

（『吉田系図』）

吉田家文書39　山田弥五左衛門書状（写）（元和三年）巻二

尚ゝ親候者も以別書
可申候へ共右ニ如申候引籠
罷有候間御同意に申上候
一書令啓上候扨々其以後者
いつかく懸御目積儀申度候
久不得御意候御床敷奉存候
伊豆守ハ開東へ幸相殿
大坂両御陣ニ而御たつねも申度
供ニ被罷下候間
候へ共手前隙無之候故無其儀候
留主居松本源兵衛所より
於京都原勘三物語被申候
状遣被申候少もく
御仕合能御帰陣之由承満足
御きつかいなく御とをし
仕候我等儀も両陣共ニ無何事
可被下候又明所も御座候
罷帰候随而てはづをも合申候間
ハ其元ニ而御かゝへ候而
可被御心安候一此人吉田善兵へ
可被下候以上
と申候本多伊豆守寄騎ニ而被
罷有候へ共暇をもらい関東武蔵へ
罷下被申候於木賀谷ニ郎等御
留候由承候少もかまいなき人ニ候
間無相違御通可被下候為其
我等書状遣し申候奉頼候
一当国御用等も候者可被仰下候御
無沙汰存間敷候事

者ニ候彼善兵衛も奥州
ニ而直江山城殿御下ニ而　茂上衆
と合戦候時分随分走廻被申候
ワかき者ニ候へ共自然之御用
にも可罷立候間七郎右様へ御申
明所も御座候者其元ニ而
御抱候様ニ頼入候一段里ちき
成人ニ候我等請ニも可罷立候
未爰元ニも善兵衛方ニ居
被申候一我等書状ニ而も御気
遣可被成と存本多伊豆守
留守居仕候松本源兵へと
申人の状七郎右様まて
指越申候少も御気遣被成間
敷候人数乃書付進申候
一田代内記両陣ニ而切々咄
申候貴公様御噂申出候原勘三
斗（計）我等好身ニ候間被懸御目
可被申候一今泉形部右門方貴様
御かいはうの由はしめさらぬ事
なから御頼母敷存候未居被申候

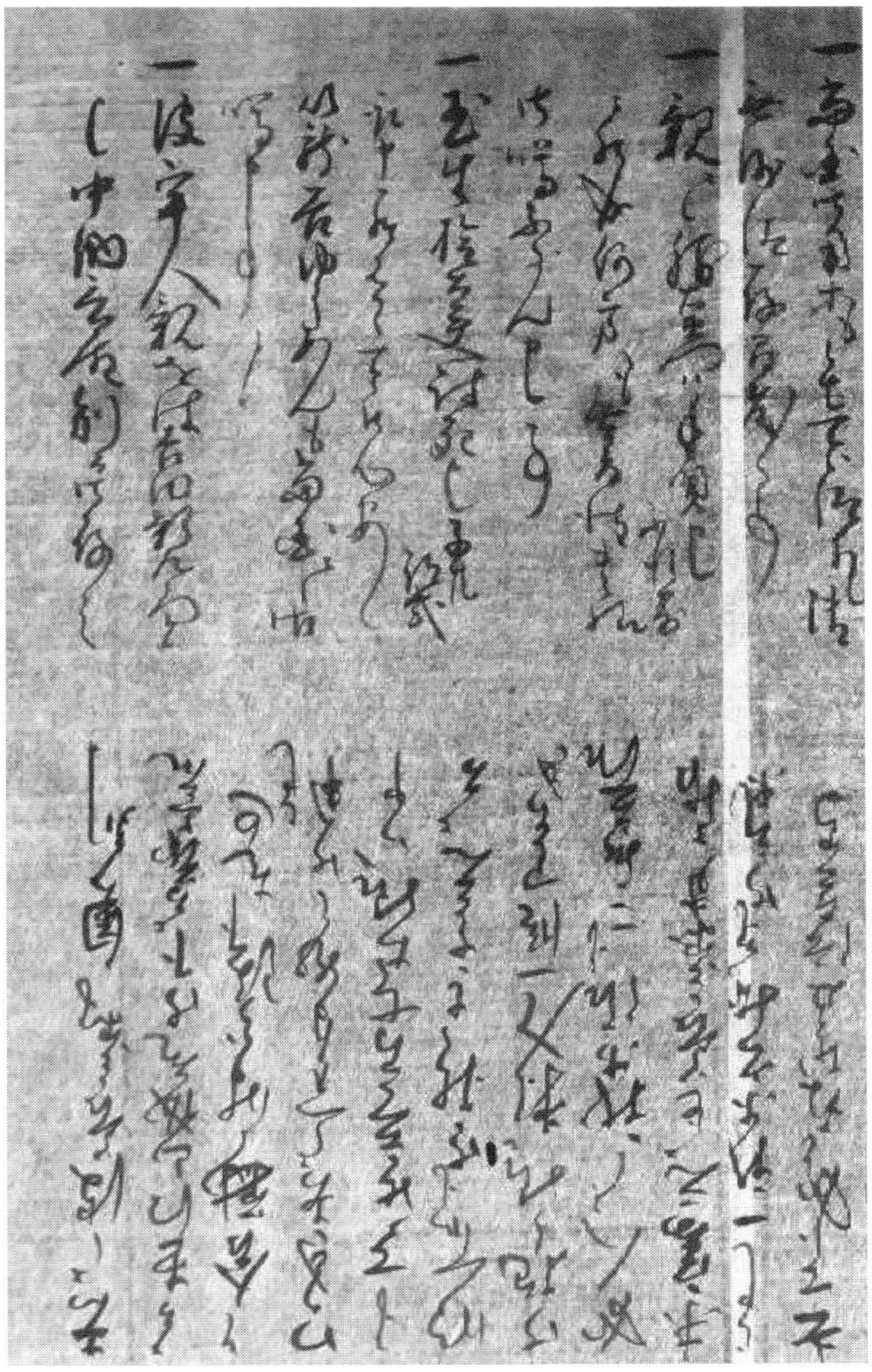

(無沙汰存間敷候事)
一親ニ候勝右衛門ハ手負申候不行歩
ニ被罷成何方へも無音致貴様
御噂ふたん申候事
一玉生権太夫討死申候子共跡式
取申罷有候可被御心安候
籠谷ゆうあんも當国ニ候御
噂申事ニ候
一彼牢人親をは吉田新左衛門と
申候中納言殿別而御存之

追而申上候印判慮外ニ
御座候へ共念の　山田弥五左衛門
ために御座候間如此ニ候
御免可被成候以上　名乗判
二月十六日　又角印
山村清兵衛様
人々参

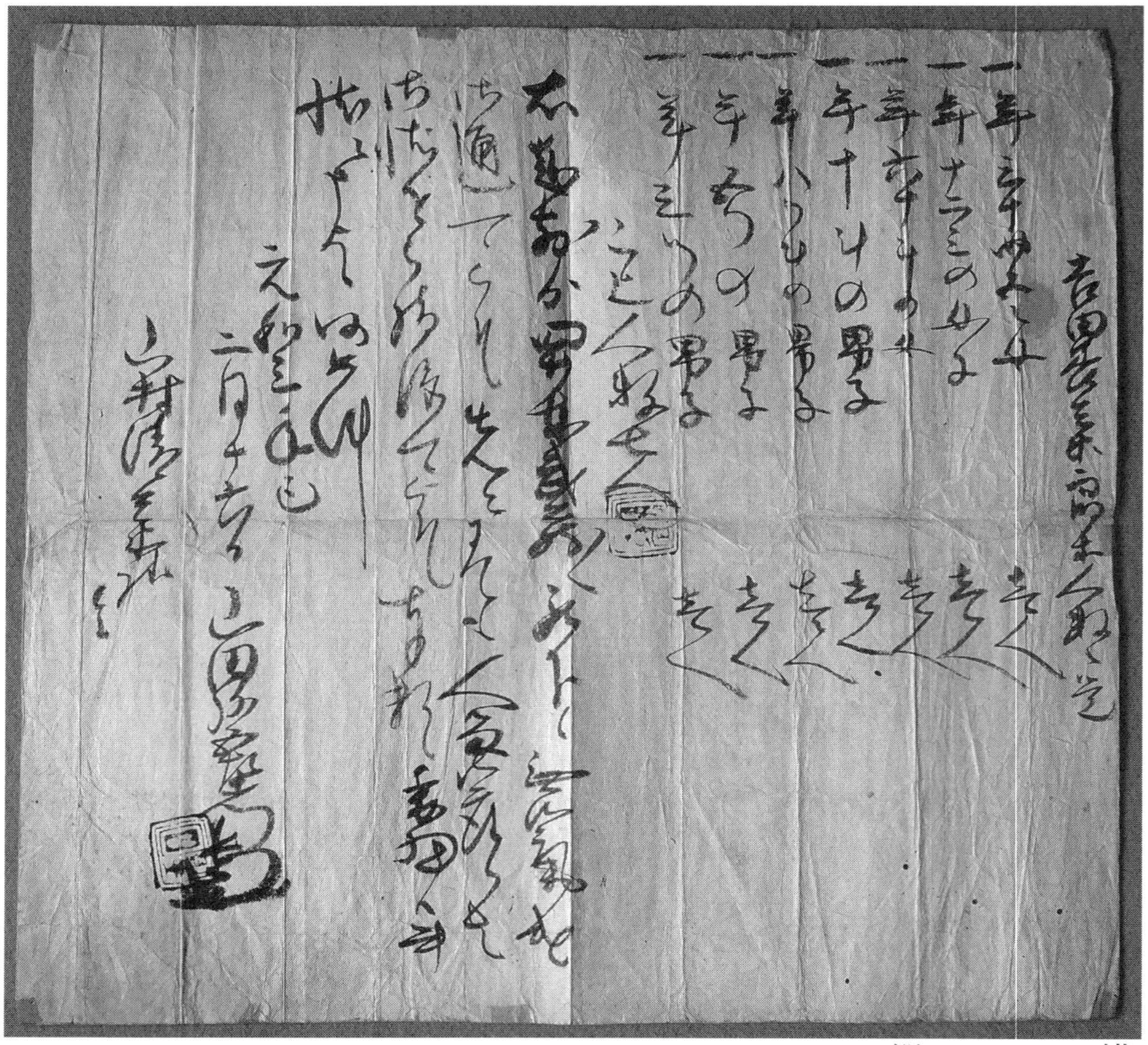

縦 31.4cm、横 33.8cm

吉田家文書40　**吉田善兵衛郎等人数之覚**（元和三年）

吉田善兵衛郎等人数之覚

一年三十四五之女　壱人

一年十二三の女子　壱人

一年六十斗《計》の女　壱人

一年十斗《計》の男子　壱人

一年八ツ斗《計》の男子　壱人

一年五ツの男子　壱人

一年三ツの男子　壱人

巳上人数七人［印］

右越前より関東武蔵ヘ罷下候無御気遣
御通可被下候先々にても人留御座候者
御状を御指添可被下候奉頼候委細ハ書
状ニ申上候仍如件

元和三年巳
二月十六日　山田弥五左衛門（花押）［印］

山村清兵衛様 参

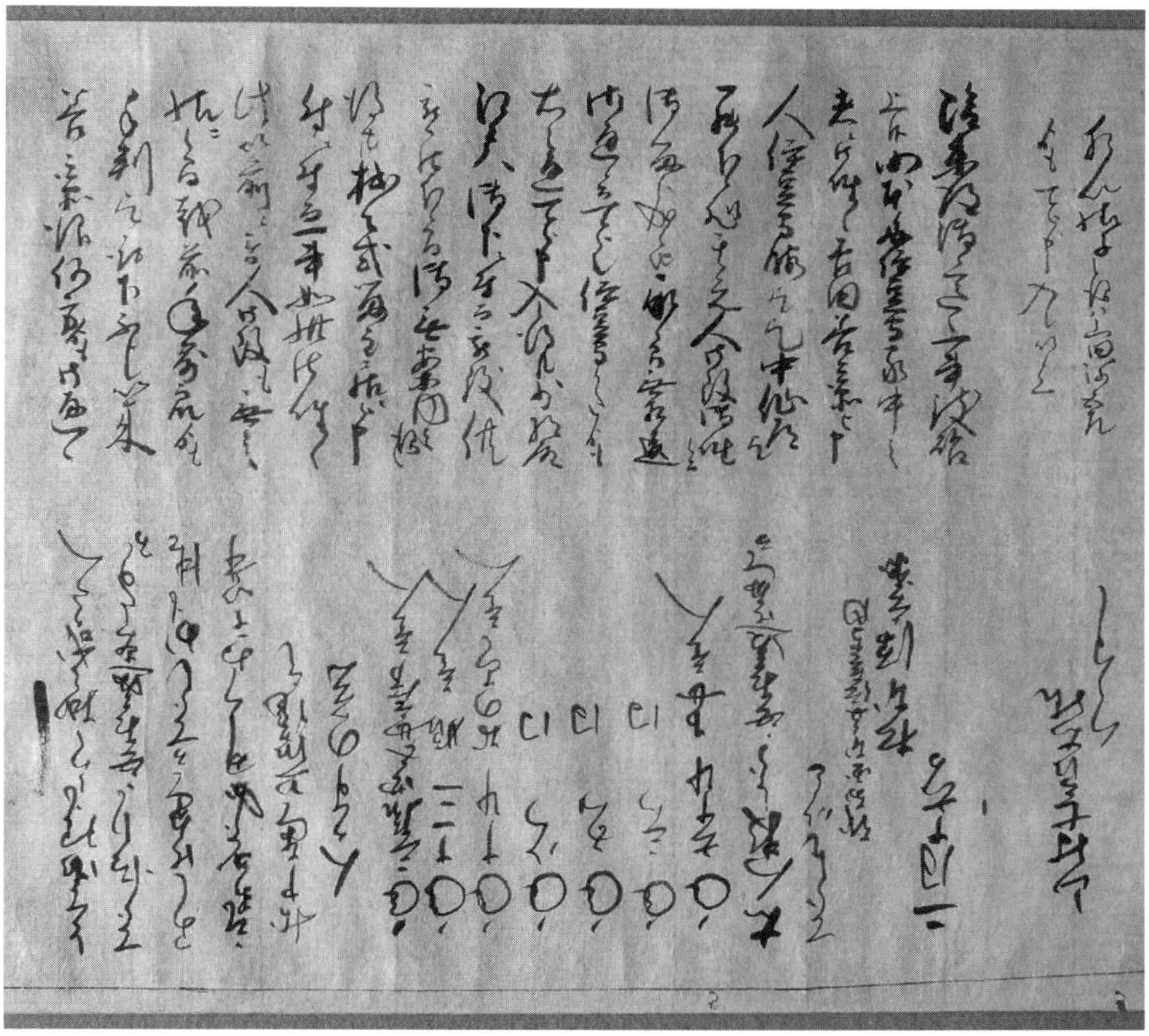

（『吉田系図』）

吉田家文書41　**松本源兵衛書状（写）**（元和三年）　巻二一

猶以様子之儀ハ山田弥五左
よりも可被申入候以上

雖未得御意候一書致啓
上候仍本多伊豆守家中之
者ニ御座候吉田善兵衛与申
人伊豆守様暇を乞中仙道を
罷下候処其元人御改御座候而
御留被成候由承候間無相違
御通候而可被下候伊豆守かたよりも
右之通可被申入候得共少将殿
江戸へ御下ニ付而被致供
被罷下候間御無案内之儀候
得は拙ゝ式留主居に被申
付ニ付而一書如此御座候
此以前ニ者人御改も無之
様ニ候間越前年寄衆よりも
手判を取下不申候以来
善兵衛儀何方よりも御通候
とて御理も候ハヽ拙々式かたへ
可被仰下候無相違者之事候間
早々御通候而可被下候少も御
気遣被成ましく候為其以書
状申達候恐ゝ謹言
人かすの覚
年三拾四五女房　壱人
年十一（計）二娘　壱人
年十斗おのこ　壱人
年八つ　同
年五つ　同
年三つ（計）　同
年六十斗下女　壱人
右人数之分無相違御通候而
可被下候以上

越前國本多伊豆守内
松本源兵衛

二月十六日

山村七郎右様
人々参

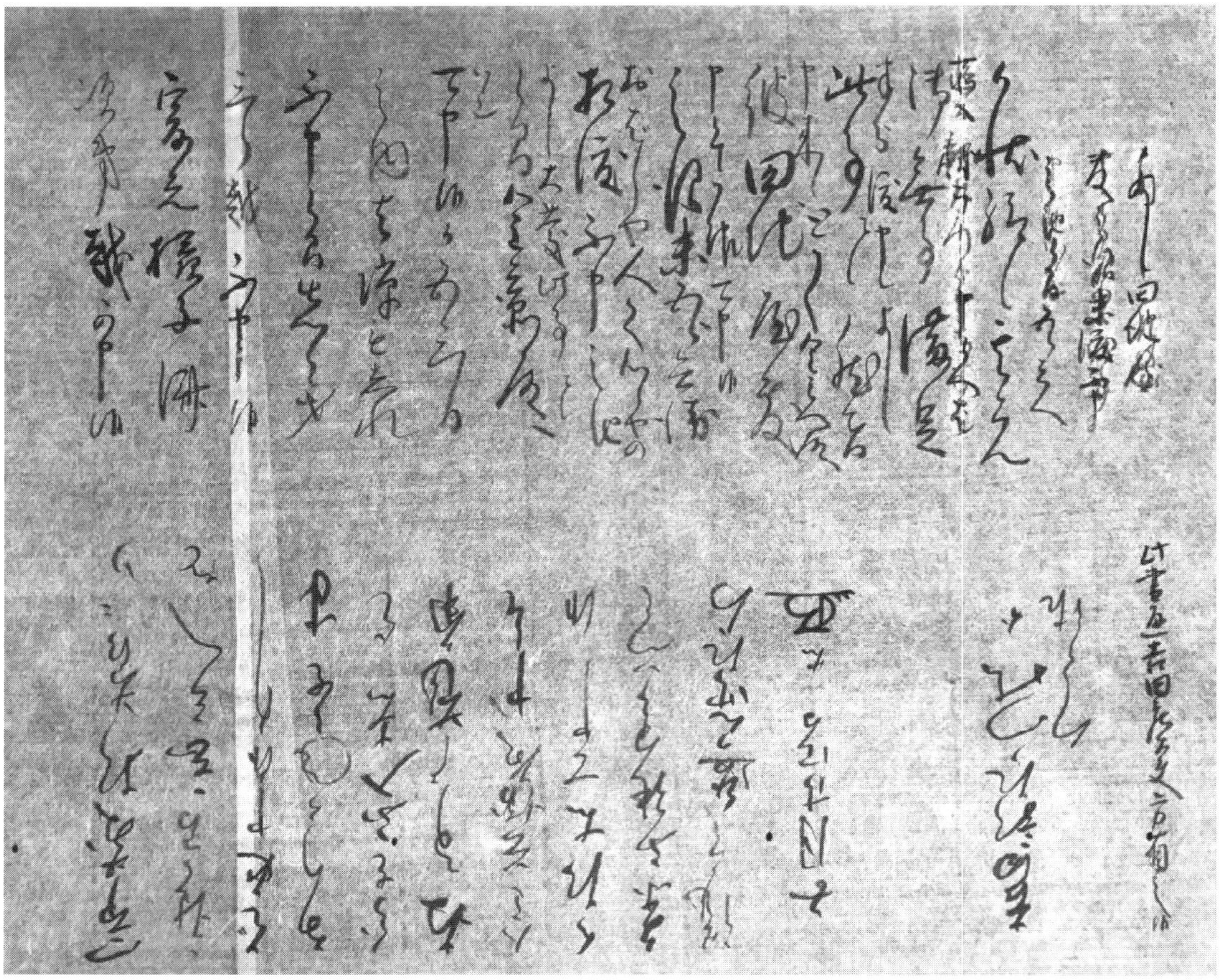

（『吉田系図』）

吉田家文書42　逸見四郎左衛門書状（写）（元和三年カ）巻二一

尚〻田地屋
敷之儀未渡不申
之由候間五郎兵へ
御状給候其元
所へ状こし申候へ者
御無事満足
半分渡申候よし
此事ニ候然者
申来候とかく金兵へ殿
彼田地屋敷
申候て御報可申候
之儀未五郎兵衛
おばしや人御たつしやの
相渡不申之由
よし大慶此事ニ候
候間金兵衛殿へ
以上
可申候か五三日
之内者隙もしれ
不申候間先々才
三郎越不申候
爰元様子済
次第越可申候

開敷折節に御
座候間甚兵へを
ば返申候もし
なりかね候者半
分は不入者と
存事ニ候菟角
金兵へ殿へ申候て
御左右可申候
条不能具候恐〻
謹言
逸見四郎左衛門
五月廿四日　忠（花押）
吉田新左衛門様
人々御報

「此書通吉田庄太夫方有之候」

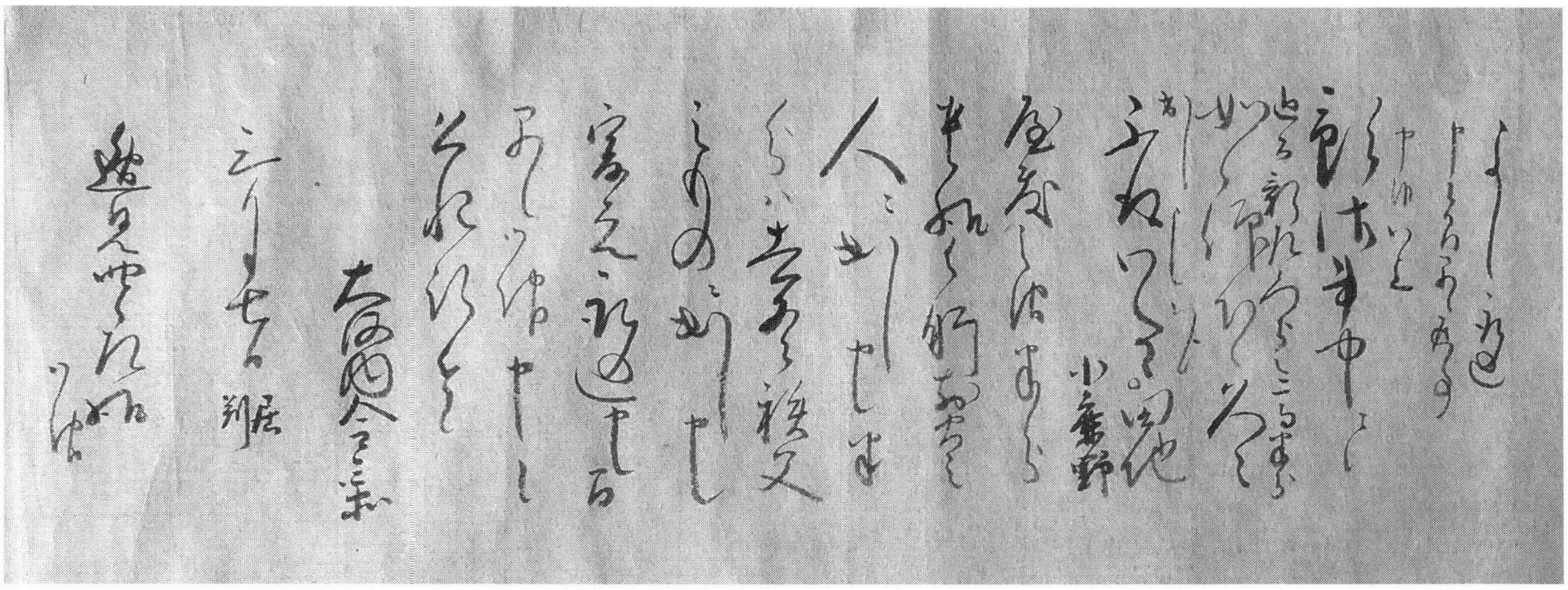

（『吉田系図』）

吉田家文書43　**大河内金兵衛書状（写）**（元和四年カ）巻二

尚ゝ取込
申候間早々返事
申候以上

預御書中ニ候
追而新左衛門分之高半分
如被仰下候久々
出し申候以上
不得御意候〇田地
小鹿野
屋敷之儀半分
貴様御肝煎之
人ニ出し申候半
分ハ去冬秩父
之ものニ出し申候
爰元取込申候間
早ゝ御報申候
恐惶謹言

大河内金兵衛

三月七日 居判

逸見四郎左様
御報

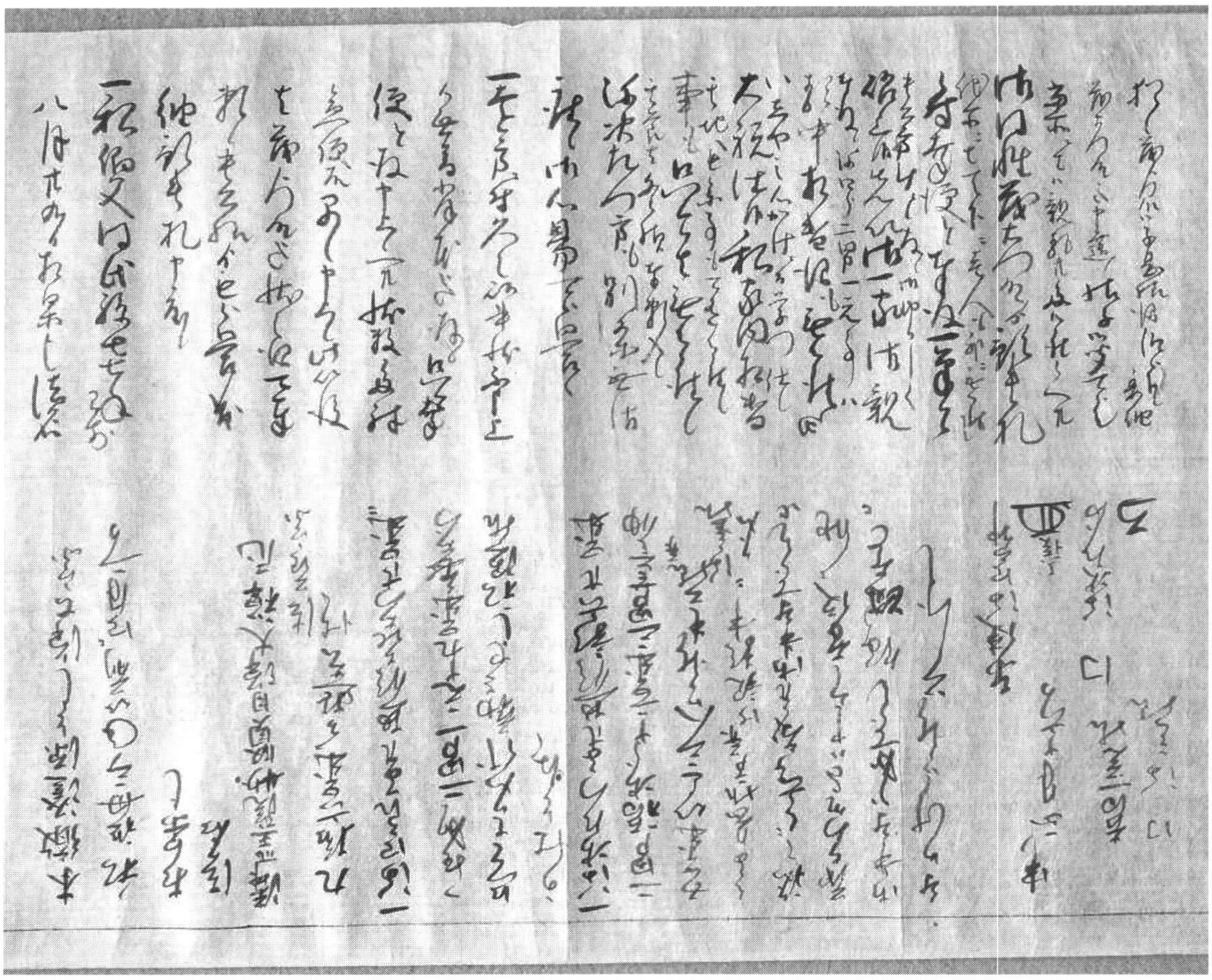

（『吉田系図』）

吉田家文書44　東使弥四郎・弥次左衛門書状（写）（延宝八年）巻二一

猶〻茂右衛門殿御子息様儀仰被下候委細
茂右衛門殿迄申達候様子御聞可被下候
當所ニてハ親類共多御座候へ共
御同性茂右門殿より預貴札
他所に者天下ニ壱人も外ニ無御座候
候に付幸便と奉存一筆令
貴公方計ニ候故ニ御ゆかしく
啓上候先以御一家御親
奉存候弥四郎二男一元事ハ
類中相替儀も無御座候由
いしやの心がけニ而学問仕候
大祝仕候私家内相替
其地へも参事も可有御座候
事も只今は無御座候
其節者各〻様奉頼入候
弥次左衛門方も別条無御
座候御心易可被思召候
一遠方ニ付久〻以書状不申上
御無音背本意存候只今幸
便と存申上候へ共状数多殊
急便故早〻申上候此以後
者茂右衛門殿迄状之儀可奉
頼候貴公様よりも被思召出
細預貴札申度候
一私伯父同孫七七年已前
八月廿九日相果申候法名
本徹澄源と申候浄土宗
私祖母三年以前ニ四月二日
相果申候
法名
隣聖院妙賢日浄大禅尼
九拾六歳ニ而逝去仕候　法花宗
一弥四郎子共惣領喜右衛門廿歳ニ
罷成候二男一元十九歳亀右衛門
只今者名代勤させ申候私隠居
可仕と存候
一弥次左衛門子共惣領新六廿歳
二男福次郎十二歳三男荒之助
五歳以上三人御座候貴公様并弥兵衛様
御子息様方并御親類中ニ名
銘々ニ御六ケ敷候共御書付可被下候由
茂右衛門殿迄ハ申上候幸便ニ細候
御書付被成可被下候餘り疎遠ニ
付如此御座候恐〻謹言

東使弥四郎
申ノ正月十六日　真（淡）（花押）
同　弥次左衛門（花押）
吉田一覚様
同　弥兵衛様

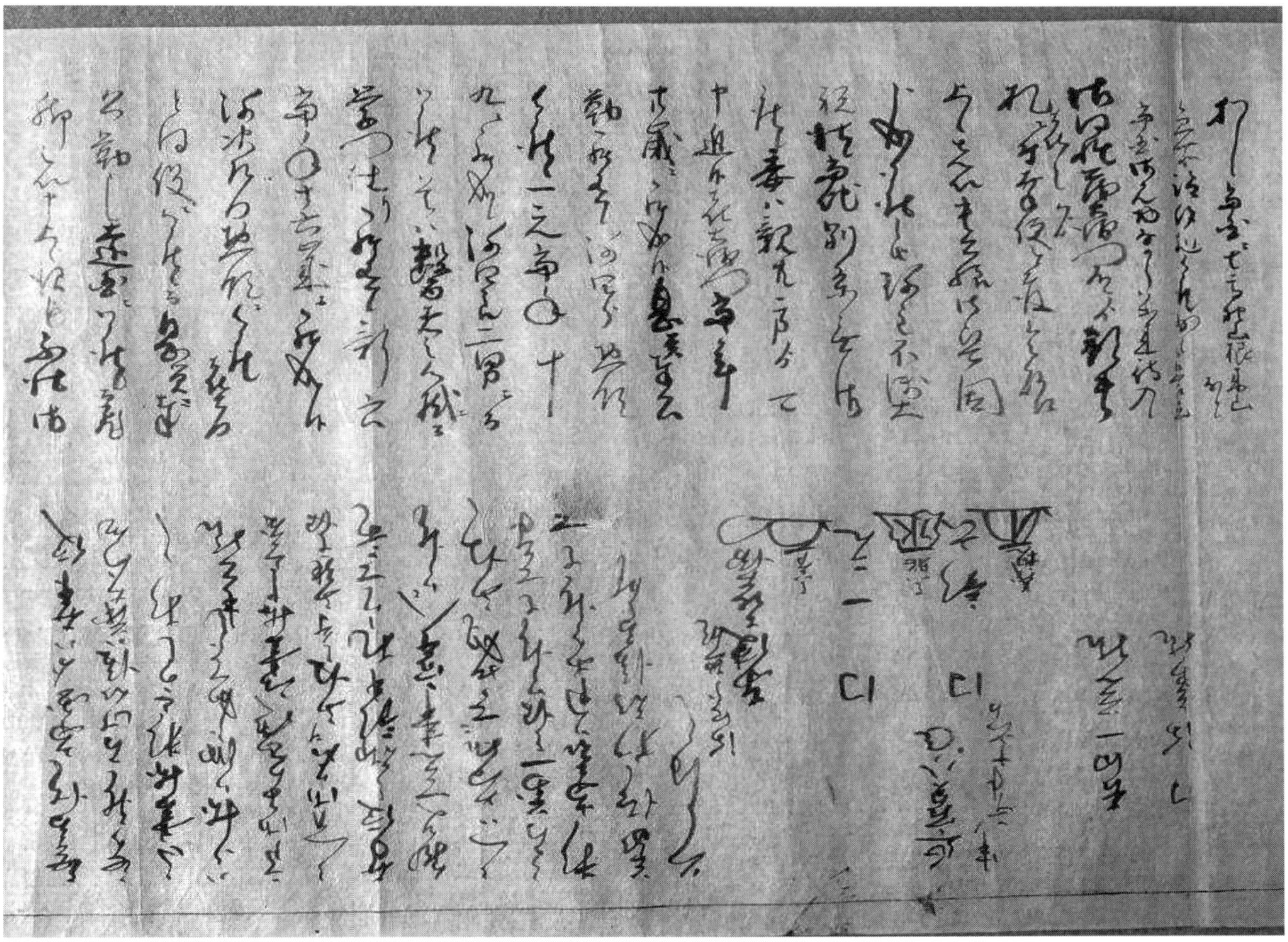

（『吉田系図』）

吉田家文書45　東使喜右衛門・一元・新六書状（写）　（延宝八年）巻二一

猶々當国ニ者高野山根来山など
候見所誰行處御座候少々被思召立
当国御見物なから御出来待入候
御同性茂右衛門殿より預貴札
喜申候以上
ニ付幸便と奉存令啓
上候先以貴公様御堅固
被成御座候由珍重不浅大
祝仕候當地別条無御
座候委ハ親共方より可
申進候喜右衛門當年
廿歳ニ罷成候息災奉公
勤罷有候弥四郎惣領
御座候一元當年十
九ニ罷成候弥四郎二男ニ而
御座候是ハ醫者之心掛ニ而
学問仕り罷有候新六
當年十六歳ニ罷成候
弥次左衛門惣領ニ御座候
喜右衛門
と同役ニ御座候而息災ニ奉
公勤申候遠國ニ御座候而飛
脚ヲ以申上候儀も不仕御

無音仕候當國よりハ幸便
無御座候間此以後ハ茂右衛門殿
迄書状頼上可申候折々
ハ御状御越被成可被下候貴公様
方御子息様へ以書状申上度
候へ共御名ヲ不存候付不能其儀
幸便之砌預貴札候ハヽ可忝候
就夫一元事牢人ニ御座
候へハ如何様ニ可罷成も不存候
間萬一之儀御座候者可奉
頼候當表御用等御座候者可
蒙仰候猶期後音之時候
恐々謹言

弥四郎惣領
東使喜右衛門
真房（花押）
同　一元
真昭（花押）
同　新六
義親（花押）

延寶八年
申ノ正月十六日

吉田　一覚　様
同　弥兵衛様

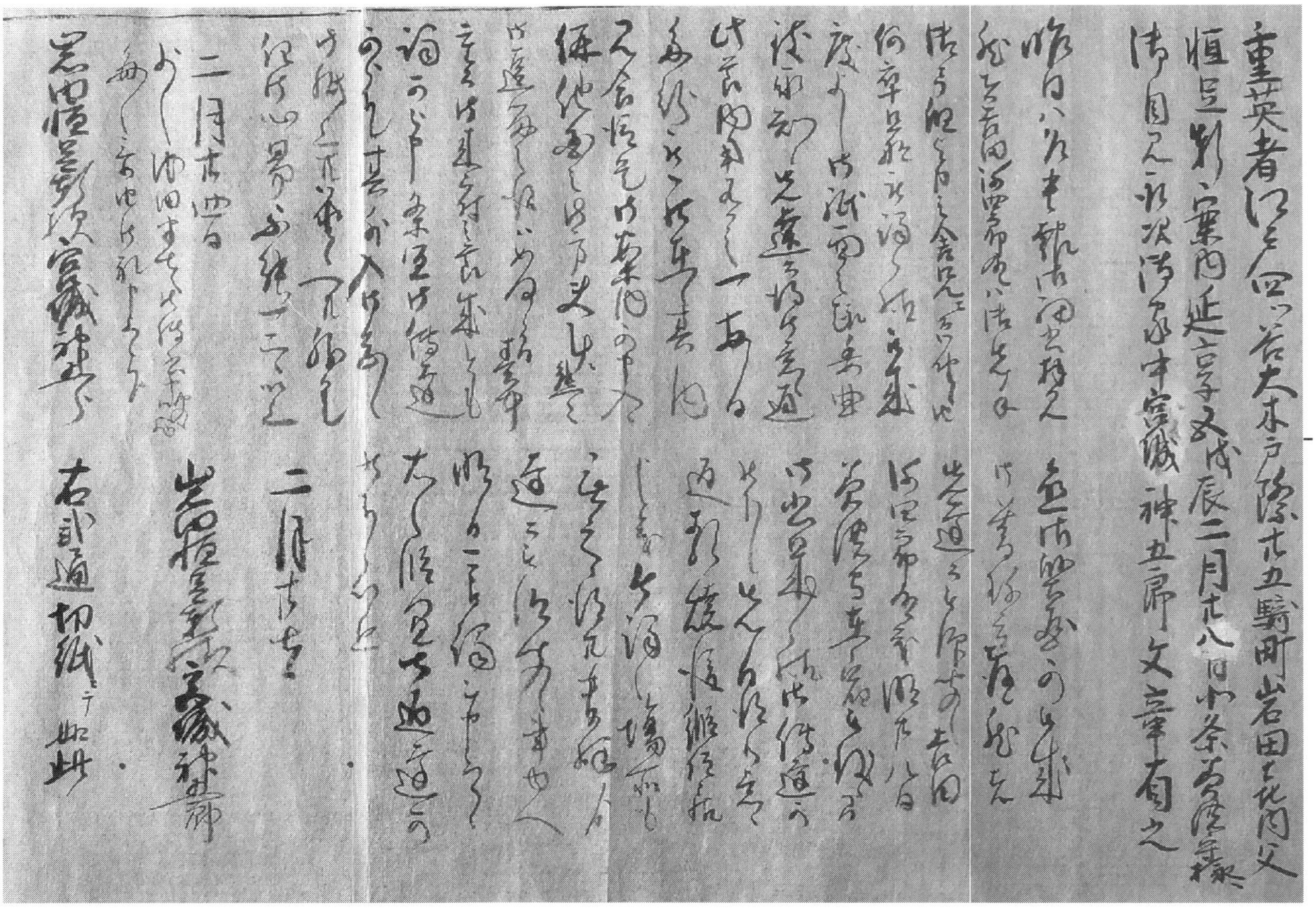

（『吉田系図』）

吉田家文書46　**宮城神五郎書状（写）**（延享五年）　巻二一

重英者江戸四ッ谷大木戸際廿五騎町岩田喜内父
恒足軒案内延享五戊辰二月廿八日北條美濃守様へ
御目見取次御家中宮城神五郎文章有之

昨日八午貴報御細書拝見
然者吉田弥四郎殿ハ御先手
御弓組与力之舎兄ニ而御座候由
何卒旦那被觸候様被成
度よし御紙面之趣委曲
致承知候先達而得御意候通
此節内用有之一両日
多紛被罷在候其内
見合従是御案内可申入候
併他国之御方夫計ニ態々
御逗留之儀ハ如何ニ候間春中
重而御来府之節成とも
謁可被申候条宜御傳達
可被下候其外入御念候
御紙上共御座候へ共紛申候
任御心易不能一二候以上
二月廿四日
尚々池田半七へ御傳言申聞候處
毎々忝由御礼申上候以上
岩田恒足軒様　宮城神五郎

愈御堅固可被成
御暮珍重奉存候然者
先達而被仰聞候吉田
弥四郎殿義明廿八日
美濃守在宿被致候間
御出被成候様御傳達可
被下候先日得御意候
通類焼後仮住居
之義被謁之場所も
無之候得共貴様より
達而被仰聞候事ゆへ
明日可被謁被申上候
右之段宜御通達可
被下候以上
二月廿七日
岩田恒足軒様　宮城神五郎
「右弐通切紙ニテ如此」

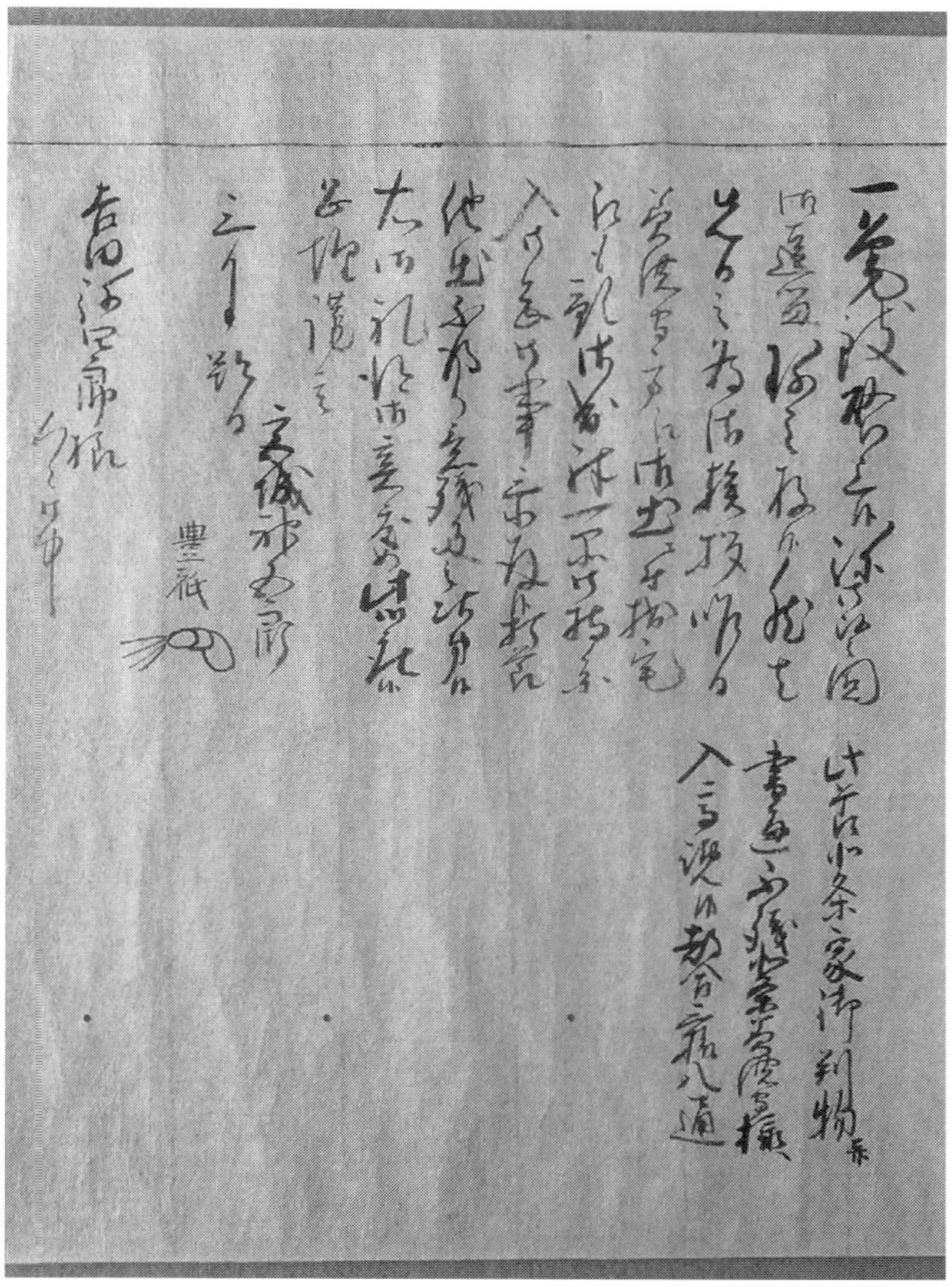

（『吉田系図』）

吉田家文書47　**宮城神五郎書状（写）**（延享五年）　巻二一

「此節北條家御判物并
書通不残北條美濃守様へ
入高覧候都合三拾八通」

一筆致啓上候弥御堅固
御逗留珍重存候然者
先日之為御挨拶昨日
美濃守方江御出ニ付拙宅
江も預御出殊一品御持参
入御念御事忝存候折節
他出不得御意（念カ）残多之次第候
右御礼得御意度如此御座候
恐惶謹言

三月朔日　　宮城神五郎
　　　　　　　豊祇（花押）
吉田彌四郎様
　　人々御中

縦　33.2cm、 横　45.6cm

勝呂山口家文書　小川町勝呂　山口俊夫氏蔵

勝呂山口家文書1　**北条氏邦朱印状**（永禄九年）　6－四五九

壹貫三百文之所少林
寺門前分之内ニ而出候
可走廻者也仍如
件

永禄九年丙寅
（象印・翕邦挹㶚）
五月五日　三山五郎兵衛
奉之

山口二郎五郎との

縦 31.8cm、横 45.6cm

勝呂山口家文書2　**北条氏邦朱印状**（永禄九年）6—五二三

九百四十四文末野之内
検地増分改而被
下之者也仍如
件

永禄十一年戊辰
極月九日　三山奉
（象印・翕邦挹灐）

山口二郎五郎殿

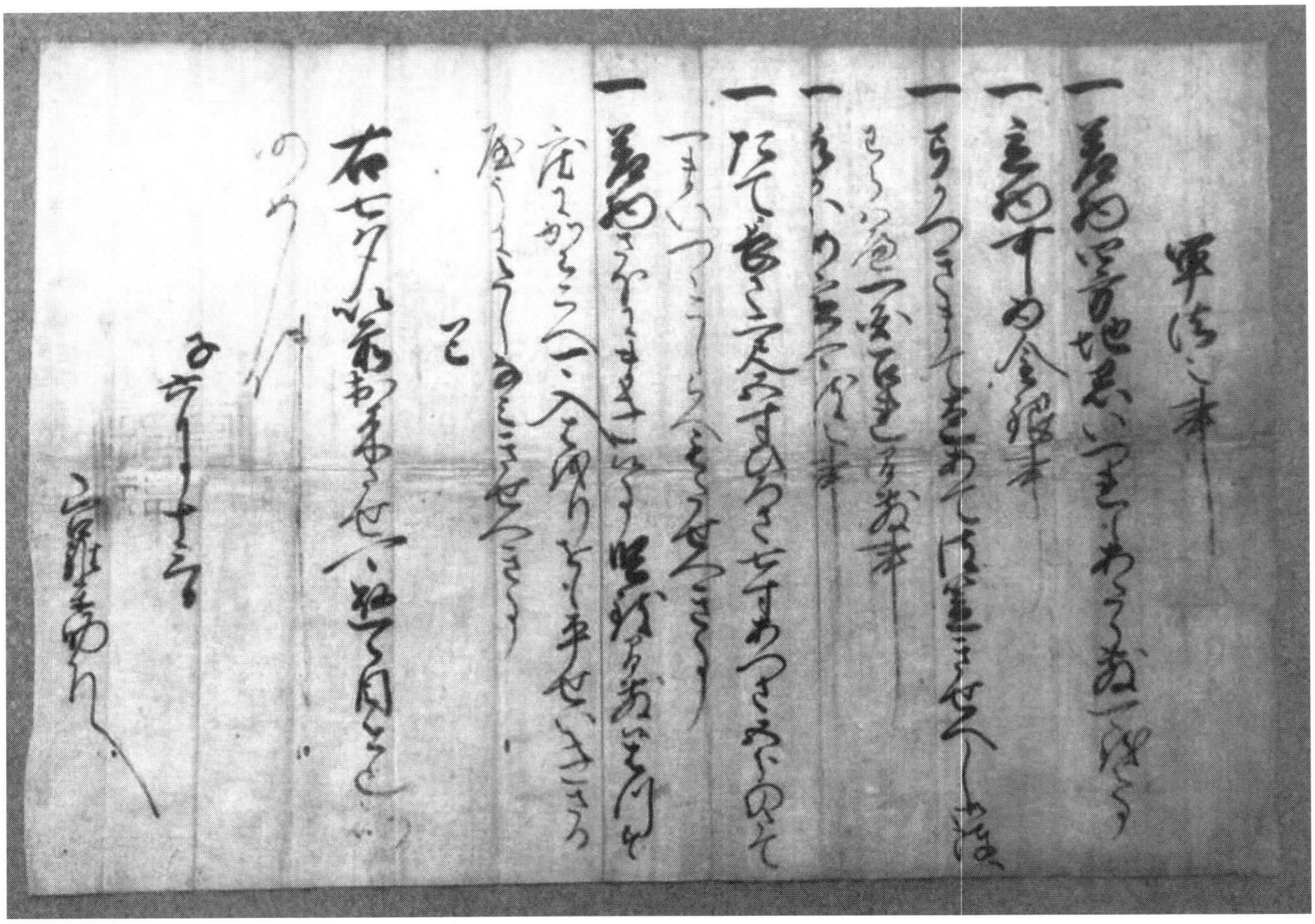

縦 31.6cm、横 44.4cm

勝呂山口家文書3　**北条氏邦朱印状**（天正四年）６―八七五

軍法之事

一差物四方地黒いつれもあたら敷可致之事
一立物可爲金銀事
一弓かつきまて走あて皮笠きせへし御陣へ
わらハへ一圓召連間敷事
一手かい如定可致之事
一たて長さ二尺五寸ひろさ七寸あつさ五分のたて
一まいつゝこしらへもたせへき事
一差物さほにまき候事堅致間敷候はつす
度にかわこへ可入はをりをも平せいきさる
やうにたしなミきせへき事

以上

右七夕以前出来させ可懸御目者也
仍如件

子六月十三日（象印・翕邦挹福）

山口雅樂助殿

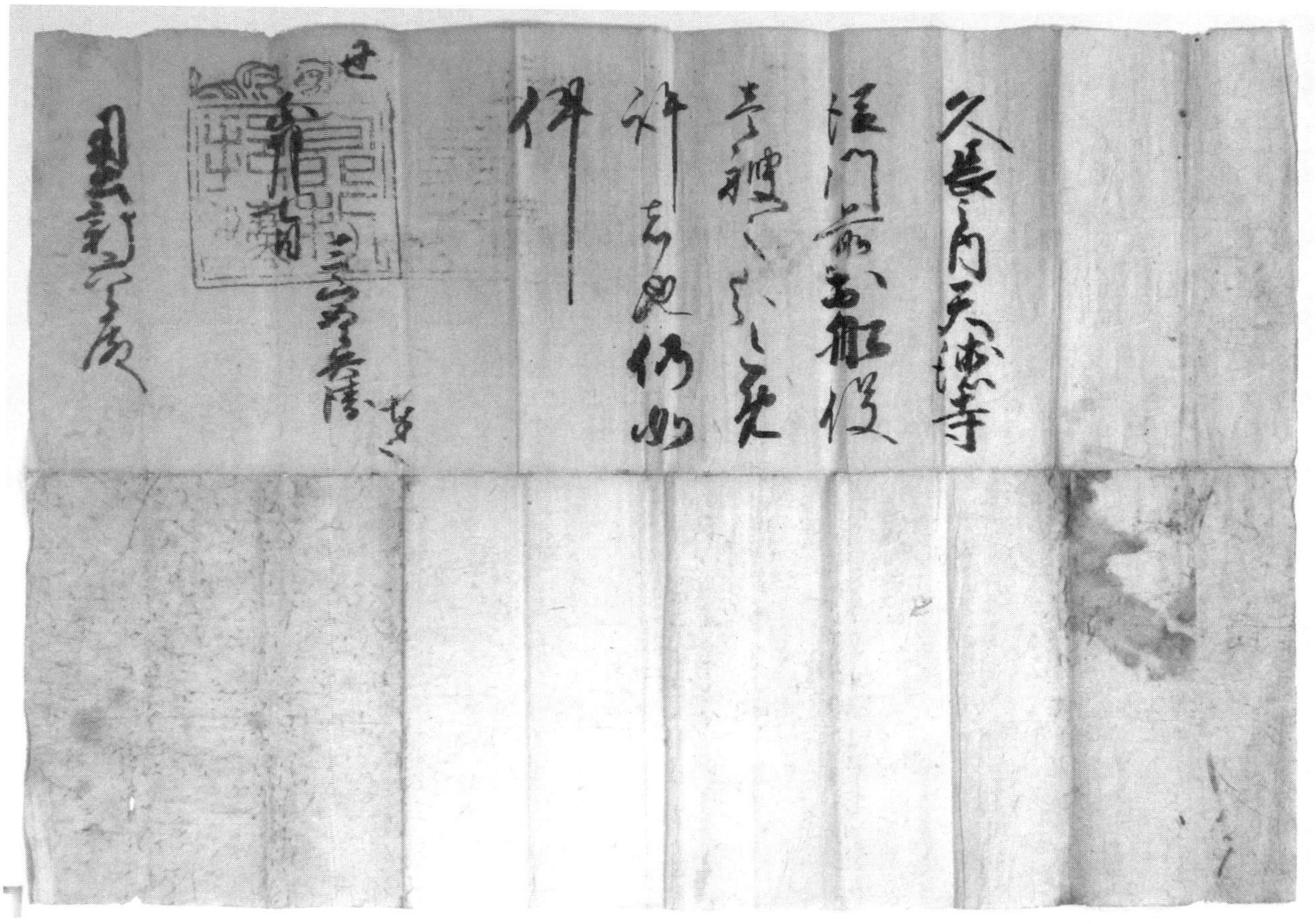

縦 31.4cm、横 40.8cm

天徳寺文書　秩父市吉田久長天徳寺蔵

天徳寺文書1　**北条氏邦朱印状**（永禄八年）6―四二三

久長之内天徳寺
従門前於船役
壱艘之分令免
許者也仍如
件

丑
正月七日（象印・翕邦挹㶚）
三山五郎兵衛
奉之
用土新六郎殿

あとがき

本書作成にあたり多くの機関並びに文書所有者の方々のご協力をいただいた。特に、左記の文書所有者等の方々の皆様には、本書編纂の趣旨をご理解いただき、史料の撮影・使用等を承諾していただいたり、ご尽力をいただいた。記して心からお礼申し上げる。

国立公文書館・埼玉県立文書館・秩父市教育委員会・
小鹿野町教育委員会・寄居町教育委員会・
小川町教育委員会・秩父市吉田天徳寺住職齋藤大仙氏・
齋藤富美子氏・山口実氏・出浦信行氏・高岸五郎氏・
吉田久子氏・山口俊夫氏・新井浩文氏・柳原正一氏

また、本書は、秩父歴史文化研究会（会長　大堅鴻風）古文書部会十二名の会員が当研究部員の栗原一夫、黒沢恵美子の指導の下で各文書を見直し釈文にする作業を行った。古文書部会でまとめた釈文は、さらに千嶋壽氏・浅倉直美氏の指導助言・校訂をいただき完成させた。

編集は梅沢太久夫と新井克彦が行った。

埼玉県文化振興基金

二〇一九年三月二十四日発行

鉢形領内に遺された戦国史料集　第一集

秩父歴史文化研究会
会長　大堅鴻風

発行・編集　鉢形領内における北条氏邦を支えた人びとの調査研究部会
代表　新井克彦
秩父市下影森四六〇－四三　新井克彦方